藥師佛
消災延壽

Bhaiṣajya-guru

藥師佛能護佑我們脫離各種疾病的痛苦，
使身體健康，壽命延長，遠離生命的災難、障礙、
最重要的是幫助我們去除病苦的根源——
心的根本煩惱，最終得到究竟的安樂。

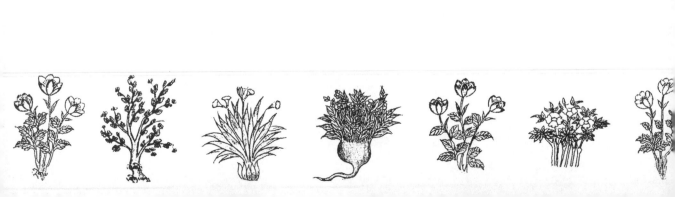

《守護佛菩薩》出版緣起

《法華經》中告訴我們，諸佛是因為一大事因緣，而出現在世間。這個大事因緣，就是諸佛幫助眾生開示悟入佛陀的知見，而臻至究竟圓滿成佛。

因此，諸佛出現在世間的主要因緣，就是要守護我們，讓我們能夠安住於生活中修持，最後能如同他們一樣圓滿成佛。

人類可以說是所有六道眾生中，造作行為的主體，因此人間的發展，也影響了天人、阿修羅、餓鬼、畜牲、地獄等其他類別眾生的因緣方向。所以，在佛法中的教化，雖然傳及法界眾生，但最主要還是以人間為中心。

因此，佛菩薩們雖然化身無量來度化眾生，但是守護人間還是根本的重點。佛菩薩們守護我們，當然是以法身慧命為主，讓我們能夠開啟智慧，具足大悲心，而圓滿成佛。

在修行成佛的過程中，佛菩薩們總是扮演著如同師父、師母、師長的角色來守護、教導我們，甚至會如同兄弟姐妹一般，隨身提攜。讓我們不只在遇到災患憂難的時候，能息除災難、增加福德，進而更生起吉祥的喜樂；並且當我們一時忘失修行正法菩提、遠離善友時，也能時時回正守護著我們，讓我們能遠離眾惡邪侵，體悟隨順正法，而趣向無上菩提。

　　其實不管我們生活在任何時間、任何處所、佛菩薩們都永遠的護念著我們、守護著我們，沒有一時一刻忘失我們這些宇宙的浪子。因為守護著人間、守護著我們，正是佛菩薩的大悲心懷，所自然流出的本願。

　　許多修行人時常提倡要憶念諸佛、修持念佛法門，這實在是最有功德及效能的法門之一。但是如果就真實的現象看來，其實諸佛菩薩是永遠不忘失的憶念著我們，而我們卻時常忘記念佛。

　　所以，當仔細思惟佛菩薩的願力、慈悲、智慧、福德時，才憶想起我們是多麼幸福，受到那麼多的祝福與護佑。如果能理解到這樣的事實，必然發覺到有無數的佛菩薩，正準備幫助我們脫離苦難而得致喜樂、消除災害、增生福德，並能夠修行正法，具足慈悲、智慧而成就無上菩提。

　　世間的一切是依因緣而成就，而在法界無數的佛菩薩中，有些是特別與人間有緣的。為了彰顯這些佛菩薩大悲智慧的勝德，也讓大眾能思惟憶念這些與人間有緣的佛菩薩，而感應道交，得到他們的守護。因此，選擇了一系列與人間特別有緣，並具有各種特德，能濟助人間眾生離災、離苦、增福、增慧的佛菩薩，編纂成《守護佛菩薩》系列，讓大眾不只深刻的學習這些佛菩薩的法門，並更容易的受到他們的吉祥守護。

　　祈願《守護佛菩薩》系列的編纂，能幫助所有的人，能快樂、吉祥的受到這些佛菩薩的守護。而二十一世紀的人間也能快速的淨化，成為人間淨土，一切的眾生也能夠如願的圓滿成佛。

藥師佛——序

　　藥師佛一般通稱為藥師琉璃光如來,簡稱藥師佛。藥師琉璃光如來名號的來源,是以能拔除眾生生死輪迴的病苦所以名為藥師,能照破無明黑暗的世間,所以名為琉璃光。

　　藥師如來是來自此世界東方的佛陀。如《藥師如來本願經》中說:「東方過娑婆世界十恆河沙佛土之外,有佛土名為淨琉璃,其佛號為藥師琉璃光如來。」藥師佛是東方淨琉璃世界的教主,他以日光菩薩與月光菩薩為二大脇侍,化導教濟有情眾生。

　　藥師如來的利生弘法事業,是秉持他在行菩薩道時所發起的十二大願。這十二大願滿足了眾生在世間與出世間的願景。

　　在出世間上,藥師佛希望在成就菩提時「令一切有情如我無異」、「令遊履菩提正路」等。而在世間上則有「使眾生飽滿所欲而無令少」、「使一切不具者諸根完具」、「除一切眾生眾病、令身心安樂」、「使眾生解脫惡王劫賊等橫難」等願。

　　基本上,藥師佛的弘大誓願是助益我們迅疾成就無上菩提,並且也滿足了眾生現世安樂利益的願景,這與阿彌陀佛特別偏向往生極樂世界的安樂有所不同。這也就是佛教界稱呼藥師如來為「消災延壽藥師佛」,而將藥師法門視為現生者消災延壽法門的理由。

東方藥師琉璃世界是純一清淨的,大地盡為琉璃所敷成,莊嚴的城闕宮殿也都是由七寶所成,田或土中沒有各種染欲,也沒有地獄、惡鬼、畜牲三惡趣等苦惱。藥師琉璃淨土就宛如阿彌陀佛的極樂世界一般莊嚴殊勝。

由於藥師佛悲心深切的十二大願,不僅能護佑我們從各種疾病的苦痛中解脫,使我們身心安樂康健,延長壽命,遠離生命中的幽闇、障難,拔除無明煩惱的根源,而得致圓滿究竟的菩提。因此,在佛教中受到了廣大的崇仰,並祈請救護。

尤其在中國更與釋迦牟尼佛、阿彌陀佛,同受廣大的禮敬,成為一般寺院主殿,大雄寶殿中,所主要供奉的三尊佛,而被通稱為三寶佛,可見在中國崇敬的盛況。

本書首先介紹了藥師琉璃光佛及其行菩薩道時所發起的十二大願,引領讀者感同身受藥師佛圓滿慈悲的救度眾生,進入藥師佛廣大悲願的智慧大海,更加親近藥師佛及其淨琉璃世界。

藥師佛不可思議的悲願,不只讓我們一切身心健康、吉祥富足安樂,滿足我們世間與出世間的一切願景,並守護我們直至成佛。因此,不管是世間或出世間的一切正念祈請,都必然能夠與藥師佛相應,得到護念加持而圓滿心願。最後並能如同藥師佛的**心願「令一切有情如我無異」**,與藥師佛一般同證無上的菩提。

希望本書能讓所有讀者,與藥師佛真實相應,**讓大家身心安**康吉祥、生活安和富足、家庭安樂自在、修行隨心圓滿,並在藥師佛守護下,無災無難到成佛。

目錄

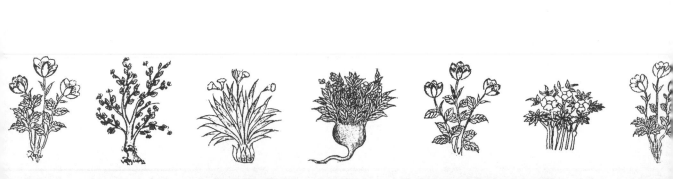

第一部

圓滿救濟的
藥師佛

藥師佛能拔除眾生生死
輪迴的病苦，照破無明
的黑暗世間

Bhaisajya-guru
藥師佛

▶ 約佛紀前 35
　　約公元前 579
§ 釋迦牟尼佛在廣嚴城樂
　音樹下，宣說《藥師
　經》。
▶ 佛紀 744～764
　　公元 200-220 漢
　　代以來
§ 敦煌是佛教東傳路線上
　的重鎮，是中國重要的
　佛教中心。

東方淨琉璃世界的藥師佛

第一章　藥師琉璃光如來

藥師佛於過去世行菩薩道時，曾發起十二大願，願爲眾生拔除生死疾苦，使眾生具足諸根，導入解脫究竟安樂的境界。

藥師如來通稱為藥師琉璃光如來，簡稱藥師佛。

藥師琉璃光如來名號的來源，是以能拔除眾生的生死苦惱重病，所以名為「藥師」。「藥師」是他的本願，而「琉璃光」是他本願所展現的特殊造型，琉璃光是因他有如此特殊的本願，由於他相當的清淨，所顯現出來的身體是完全透明無礙的琉璃光，能夠照耀度化世界的無明黑闇，他的淨土世界也是如此，所以名為「藥師琉璃光」。

藥師佛的梵名是 Bhaiṣajyaguru，又譯為藥師如來、藥師琉璃光如來、大醫王佛、醫王善逝、十二願王，是為東方淨琉璃世界的教主。

東方琉璃世界純一清淨，地為淨琉璃所舖敷而成，城闕、宮殿等，也都由七寶所成。

藥師佛國土中沒有三惡（地獄、惡鬼、畜生）的苦惱，也沒有諸染欲，其國土莊嚴如同極樂世界。

每一佛出世，都有二大弟子。如釋迦牟尼佛有舍利弗與目犍

Bhaisajya-guru

藥師佛

➤ **佛曆 911**
公元 367
§ 沙門樂僔建造石窟佛
　（鳴沙山石窟）於敦煌
　莫高窟。
➤ **佛紀 107?**
北魏末年
§ 藥師經典已在敦煌流
　傳。

藥師三尊：藥師佛、日光菩薩、月光菩薩

連二大弟子；阿彌陀佛有觀世音與大勢至菩薩。而東方淨土的藥師佛也有二大脇侍：日光菩薩與月光菩薩。

藥師佛的信仰，自古以來極為盛行。由於藥師佛的誓願不可思議，所以只要我們虔誠向他祈請，必能使我們現世的生命與困頓得到救渡。例如：《藥師經》中記載，如果有人身體染患重病，現出死衰相的癥兆，其眷屬親人於此人臨命終時，若能日夜盡心供養禮拜藥師佛，讀誦藥師如來本願功德四十九遍，焚燃四十九燈，造四十九尺的五色綵幡，則其人得以復蘇生命，增長延續壽命。

藥師佛的形像，據《藥師琉璃光王七佛本願功德念誦儀軌供養法》記載，左手執持藥器（又作無價珠），右手結三界印，身著袈裟，結跏趺坐於蓮花臺，臺下有十二神將。

這十二神將誓願護持藥師法門，各率領著七千藥叉眷屬，在各地護佑受持藥師佛名號的眾生。

又一般流傳的造像為螺髮形，左手持藥壺，右手結施無畏印（或與願印），日光、月光二菩薩脇侍左右，並稱為藥師三尊。**此二脇侍在藥師佛之淨土為無量眾中之上首，是一生補處的菩薩。亦有以觀音、勢至二菩薩為其脇侍者。**

除了二大菩薩外，還有八大菩薩護持著東方淨土，八大菩薩為：文殊師利菩薩、觀音菩薩、大勢至菩薩、寶壇華菩薩、無盡意菩薩、藥王菩薩、藥上菩薩、彌勒菩薩等八大菩薩。

在傳統的佛教裡，東方本以不動佛（阿閦佛）為主。然而藥

Bhaisajya-guru

藥師佛

➡ **佛紀** 1201～1208
　 公元 560～567
§ 陳文帝寫藥師齋懺文。

藥師佛與八大菩薩

師佛會在中國裡成為一個普遍性的信仰，這可以說與他所發起滿足眾生世出世間（指一般世間性的善願與出世間性的修行成佛）的諸般願求，以及一般大眾的期望有深刻的關係。

在出世間上，藥師佛希望在成就菩提時「令一切有情如我無異」、「令遊履菩提正路」等。而在世間上則有「使眾生飽滿所欲而無令少」、「使一切不具者諸根完具」、「除一切眾生眾病、令身心安樂」、「使眾生解脫惡王劫 賊等橫難」等願。

這些誓願，基本上是藥師佛不僅在出世間能幫助眾生早證菩提，另一方面也能著重於為眾生求得現世的安樂，這與阿彌陀佛偏向往生極樂世界的安樂有所不同。這也是佛教界一般稱藥師如來為「消災延壽藥師佛」，而將藥師法視為現生者消災延壽法門的來由。

藥師佛在對眾生平等無邊的救濟中，當我們專心一意相續不斷地稱念「南無藥師琉璃光如來」，我們的身心定會受到藥師佛清淨慈悲的護佑。

Bhaisajya-guru
藥師佛

➡ 佛紀 1125～1162
　　公元 581～618

§ 隋朝時，佛經變相有突
　破性的發展，題材及描
　繪的情節都逐漸增加。

§ 莫高窟的藥師經變就在
　此時出現，與維摩詰經
　變、法華經變、阿彌陀
　經變和彌勒上生經變
　等，都是敦煌經變的重
　要題材。

大醫王藥師佛

第二章 大醫王藥師佛

　　藥師佛悲心深切，在他行菩薩道時發起十二大願，教化世界的苦難眾生，護佑我們脫離疾病的苦痛，使身體康健、延長壽命，遠離生命的災難、障礙，解脫一切苦惱憂擾。

　　而最重要的，藥師佛最終要利益我們成就如他一般，具足佛陀圓滿的身相，行藥師佛事業，得到究竟安樂的境界。

01 藥師佛過去的菩薩大行

　　藥師佛與二大菩薩在其過去生中，一個久遠以前的世界裡，當時有一電光如來的佛陀出現，他宣說三乘（菩薩乘、緣覺乘、**聲聞乘**）教法來度化眾生。

　　正當電光如來宣說三乘教法度化眾生的時候，有一位修行人，他有兩位兒子。當這位修行者，聽到佛陀的法音，並見到這世界的苦難之後，便在佛陀的面前，發起菩提心要教化這世界的苦難眾生。於是他發起了十二大願：

　　⑴願我來世得菩提時，自身光明熾然，照耀無量世界，以三十二相、八十種好莊嚴，令一切眾生如我無異。

　　⑵願身如琉璃，內外清淨無瑕垢，光明過日月，令於昏暗中

Bhaisajya-guru
藥師佛

➡ **佛紀** 1151
　　 公元 607
§ 日本法隆寺金堂鑄成藥
　師像，是爲了用明天皇
　身體平安而開始造立，
　這是日本最古的造像。

藥師佛與二大菩薩

之人能知方所，隨意所趣，作諸事業。

(3)以智慧方便眾生，令眾生受用無盡。

(4)令行異道者，安立於菩薩道中，行二乘道者，以大乘安立之。

(5)令於我法中修行梵行者，一切皆得不缺減戒。

(6)令諸根不具之聾盲跛躄白癩顛狂，乃至種種身病者，聞我名號皆得諸根具足、身分成滿。

(7)令諸患逼切無護無依，遠離一切資生醫藥者，聞我名號，眾患悉除。

(8)若女人願捨女形者，聞我名號，得轉丈夫相，乃至究竟無上菩提。

(9)令一切眾生解脫魔網，安立於正見。

(10)令為王法繫縛，無量災難煎迫者，皆得解脫一切苦惱。

(11)令飢火燒身，為求食故作諸惡業者，先得妙色香味飽身，後以法味畢竟安樂。

(12)貧無衣服者，我當施以所用衣服，乃至莊嚴具。

佛陀因為他們的發願是為了利益所有的眾生，於是改其名號為醫王，其二孩子也都是發願來饒益幽冥的眾生，長子名日照，二子名月照。這個醫王就是後來的東方藥師如來，而這兩個孩子也就是後來的日光遍照菩薩與月光遍照菩薩，這是藥師佛過去生的因緣。

藥師佛過去行菩薩道時，發了如上的十二大願，於是最終圓

Bhaisajya-guru

藥師佛

➡️ **佛紀** 1160

公元 616

§ 隋，達摩笈多譯《藥師
　如來本願經》。

藥師佛過去行菩薩道時，發起十二大願

滿成就佛陀，現今住於東方過娑婆世界十恆河沙佛土之外的淨琉
璃世界，其國土莊嚴如同極樂淨土世界，其中日光菩薩、月光菩
薩，持彼如來正法藏，來輔助利益無量眾生。

Bhaisajya-guru
藥師佛

➡ 佛紀 1194
公元 650
§ 唐玄奘譯《藥師如來本願功德經》。

▨ 大醫王藥師佛

其實「醫王」是一切佛、菩薩的尊稱。因為佛、菩薩能醫治眾生的心病，所以以良醫為譬喻，而尊稱為醫王。

另如《雜阿含經》卷十五、《醫喻經》等，亦舉出大醫王所具足的「四法成就」，即：(1)善知病。(2)善知病源。(3)善知病之對治。(4)對治病已，更知將來復發之可能與因緣，而斷除之。經中並以大醫王成就此四法比喻如來成就四德，出現於世，闡說苦、集、滅、道等四諦法，以療治眾生之病。此外，《大智度論》卷二十二亦有「佛如醫王，法如良藥，僧如瞻病人，戒如服藥禁忌」等著名的譬喻。

此外，醫王亦為藥師如來的別稱。藥師如來十二別願中的第七願即是「除病安樂」之願，故有此別稱。又一般藥師如來的造像，常有手執藥壺的造型。於日本，以藥師如來為本尊的寺院，通稱為藥王寺。此外，或謂「醫王」乃諸佛通用之名；若專指藥師如來時，則特稱為「醫王善逝」。

02 無上醫王藥師佛

　　藥師如來不僅能醫治我們身體上的病痛，同時也能醫治我們的心靈疾病，醫治我們智慧上的不圓滿以及悲心的不圓滿。藥師佛了解眾生可能一開始無法直接感受他深切的悲願，所以藉由先醫治好眾生病痛的因緣，再醫治眾生的心。

　　廣義而言一切諸佛都是大醫王，能醫治眾生一切身心的煩惱與痛苦，而藥師佛特別以醫藥來濟助眾生而著名。

　　就平等義而言，諸佛都是來救助並醫療眾生的無明、煩惱病，是眾生身心最究竟的醫療者，他們不只能幫助眾生斷除身心所表現出的病相，還要根除其病的根源，進而使眾生得致安樂的境地，成就無上菩提，而如同佛陀一般能夠具足大力大用，成就金剛之身。

　　使一切眾生去除所有雜染、具足眾善，還要斷除一切因果的纏縛，成就一切智智。讓我們能夠親身成證生命的實相，成證究竟圓滿的生命境界。

　　不僅心如此，在身方面也要建立佛身的三十二相八十種好，種種微妙莊嚴的佛身，讓我們身心得到究竟的利益，悲智得到究竟利益，自受用、他受用得到究竟利益，自覺覺他得到究竟利益。

　　依這個立場而言，十方諸佛皆是大醫王，我們未成佛之前都是蒙受佛陀照顧的病人；一切佛法都可以說是藥師佛法門，這是

Bhaisajya-guru

藥師佛藥師佛

▶ **佛紀** 964〜1133
　　公元 420〜589
§ 中國佛經變相的製作大
　約始自南北朝。
▶ **佛紀** 1214
　　公元 670
§ 日本下野藥師寺建立。

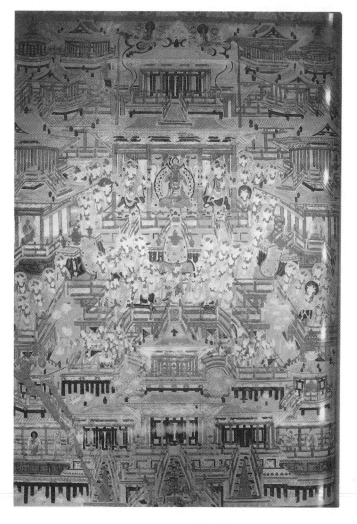

藥師琉璃光淨土是由淨流璃所成的世界

從法性中來顯現的廣大緣起。

　　然而，就單一特殊的緣起意義來看，藥師佛就是藥師佛，藥師法門就是藥師法門。藥師佛是十方諸佛中的一尊，在對眾生平等無邊的救濟中，他與人間特有的病相特別相應，示現世出世間對眾生的現前救濟。

　　眾生有病，不只是根本的無明病，進而顯現到緣起上、現象上，例如我們頭痛、腳痛，手、腳骨折，心臟不好，這種種病相，由心中最深層的無明因緣，顯現到已經成為現象的果報，藥師如來在此特別給予慈悲的救度，所以**藥師法門就成為以醫療特別明顯的法門**。

　　藥師佛法門有其特殊的相應性，由於眾生是染污、有病，所以藥師佛特地來救度，他不只救濟我們生存在世間的身體上的痛苦，而且還要救度我們趣向於菩提大道，來成證佛果。所以藥師佛是施予眾生世出世間的圓滿救濟。

　　圓滿救濟的結果就是根除身與心的染污，所以是光明、清淨的，就如同琉璃光一般地光明，代表著世間相中染污的斷除。而藥師佛的清淨琉璃身正代表了凡夫心雜染去除的顯現，也代表了世出世間的圓滿、大菩提道的成就。

　　藥師琉璃光如來的清淨琉璃光明**熾然，此是成就**世間光明的清淨，亦是成就出世間光明的清淨，是世出世間**圓滿**，是大菩提道的圓滿，所以他的淨土世界是淨琉璃所成的世界。

　　在藥師佛的本願當中，他不只要**斷除**一切眾生的病苦根源，

Bhaisajya-guru

藥師佛

➤ 佛紀 1224
公元 680

§ 日本皇后於藤原宮之地
建造丈六藥師寺。

■ 法性

又作眞如法性、眞法性、眞性。又爲眞如的異稱。

指諸法的眞實體性。亦即宇宙一切現象所具有眞實不變的本性。

■ 緣起

一切諸法皆因種種條件（因緣）和合而成立，此理稱爲緣起。

濟世拔苦的藥師如來

而且要導引眾生走向究竟安樂的菩提道，因此藥師法門就成為佛法中非常特殊的藥師法門。

　　雖然廣義而言一切諸佛皆為大醫王，一切佛法皆為藥師法，但是在此藥師佛本願因緣下，卻又呈現出的不共的藥師佛，以及不共的藥師法門。所以我們依止這殊勝的藥師本願功德，若能一心不亂，專致精誠地修持藥師法，必能得到藥師佛的慈悲護佑，身體健康、長壽，而且於修行上也能日漸增長。

Bhaisajya-guru
藥師佛

➤➤➤ 佛紀 1232
公元 686

§ 日本天武天皇由於身體
不安，所以於川原寺宣
說《藥師經》。

➤➤➤ 佛曆 123?
七世紀末

§ 敦煌莫高窟已有一千餘
窟，勝況空前。

■藥師佛的本願

本願是指因位（行菩薩道時）的誓願，全稱爲本弘誓願，又作本誓、宿願，即佛或菩薩於過去世所發起的誓願。

佛菩薩所發的本願有多種。其中，一切菩薩都發起無上菩提心，其披著弘誓鎧甲來救度無量衆生，斷除煩惱，累積德行，以期成就佛果，此稱總願。如四弘誓願、二十大誓莊嚴等。

又分別發清淨莊嚴佛國土的大願，於十方世界各清淨其國土，來成就衆生。或發願於穢土成佛，救度難以度化的衆生。此等依諸菩薩各自的意樂所發起的誓願，稱爲別願。如《無量壽經》載述阿彌陀佛（法藏菩薩）的四十八願；《阿閦佛國經》卷上所載之二十願等，皆爲淨佛國土的本願。如《悲華經》卷七所說釋迦五百大願；《彌勒菩薩所問本願經》的彌勒十善願；此等乃穢土成佛的本願。

此外，另有特別爲斷除衆生諸病，或爲衆生拔除一切苦惱及恐怖而立的誓願。如《藥師如來本願經》所說的十二願；《藥師琉璃光七佛本願功德經》的四十四願；《悲華經》載述的觀世音菩薩救苦願等。又有普賢菩薩的十大願；初地及初學菩薩所發的十種行願等。現在初發的願稱爲「唯發願」，有別於本願。後者專指過去因位所發的宿願。

03 藥師佛的本願功德

　　藥師佛是一位很殊勝的佛陀，因為他不僅能圓滿我們出世間的修行成佛的願望，也能滿足我們在世間上的各種善願與期望。這都是藥師佛本願功德力的緣故，所形成如此宏大而深遠的加持力。

　　藥師佛在往昔行菩薩道時，所發起的十二大願，不僅成就了圓滿的佛身，也圓成了上妙清淨的淨琉璃世界。以下我們來仔細探究藥師佛的本願功德。

　　第一大願──願我來世於佛菩提得正覺時，自身光明熾然照耀無量無數無邊世界，三十二大丈夫相、八十種好，以為莊嚴，我身既爾，令一切有情如我無異。

　　其意是：願我在來世得證阿耨多羅三藐三菩提，成就無上正等正覺時（成佛之時），自身的光明熾然照耀著無量無數無邊世界，具足了三十二大丈夫相及八十種隨形好，以莊嚴自身，而且令一切有情眾生也和我一樣。

　　圓滿的佛身具足了三十二大丈夫相，八十種隨形好，這是人類生理發展的最理想狀況。佛身不只在造型上十分莊嚴圓滿，而且在人體的構造上符合物理運動的原則，可以說是人類身體最好的進化型態。

　　三十二相又名三十二大人相，一足安平、二足千輻輪、三手

Bhaisajya-guru
藥師佛

➤ **佛紀 1252**
公元 707

§ 唐中宗念居房州時,祈
念藥師佛,乃命法師義
淨,於大佛光殿譯《藥
師七佛本願經》。(出
自佛祖統紀)

藥師佛的圓滿佛身具足三十二相八十種好

指纖長、四手足柔軟、五手足縵網、六足跟圓滿、七足趺高好、八腨如鹿王、九手長過膝、十馬陰藏、十一身縱廣、十二毛孔青色、十三身毛上靡、十四身金光、十五常光一丈、十六皮膚細滑、十七七處平滿、十八兩腋滿、十九身如師子、二十身端直、二十一肩圓滿、二十二口四十齒、二十三齒白齊密、二十四四牙白淨、二十五頰車如師子、二十六咽中津液得上味、二十七廣長舌、二十八梵音深遠、二十九眼色紺青、三十睫如牛王、三十一眉間白毫、三十二頂成肉髻。

八十種好又名八十隨形好，即無見頂相、鼻高不現孔、眉如初月、耳輪垂埵、身堅實如那羅延、骨際如鉤鎖、身一時迴旋如象王、行時足去地四寸而現印文、爪如赤銅色薄而潤澤、膝骨堅而圓好、身清潔身柔軟、身不曲、指圓而纖細、指文藏復、脈深不現、踝不現、身潤澤、身自持不逶迤、身滿足、容儀備足、容儀滿足、住處安無能動者、威振一切、一切眾生見之而樂、面不長大、正容貌而色不撓、面具滿足、唇如頻婆果之色、言音深遠、臍深而圓好、毛右旋、手足滿足、手足如意、手文明直、手文長、手文不斷、一切惡心之眾生見者和悅、面廣而殊好、面淨滿如月、隨眾生之意和悅與語、自毛孔出香氣、自口出無上香、儀容如獅子、進止如象王、行相如鵝王、頭如摩陀那果、一切之聲分具足、四牙白利、舌色赤、舌薄、毛紅色、毛軟淨、眼廣長、死門之相具、手足赤白如蓮花之色、臍不出、腹不現、細腹、身不傾動、身持重、其身大、身長、手足軟淨滑澤、四邊之光長一丈、光照

Bhaisajya-guru
藥師佛

➡ 佛紀 1271
　公元 726
§ 日本聖武天皇爲了平癒
　太上天皇的病苦，建造
　興福寺東金堂，安置本
　尊藥師脅侍二菩薩。
➡ 佛紀 1275
　公元 730
§ 日本藥師寺東塔建立。

藥師佛的身體如淨琉璃般內外明澈

身而行、等視眾生、不輕眾生、隨眾生之音聲不增不減、說法不著、隨眾生之語言而說法、發音應眾生、次第以因緣說法、一切眾生觀相不能盡、觀不厭足、髮長好、髮不亂、髮旋好、髮色如青珠、手足為有德之相。

　　藥師佛在這樣的願力中，藥師佛成佛了，不僅自身莊嚴圓滿具足，而且「令一切眾生如我無異」，也就是藥師佛成佛時，我們一切眾生理應成佛了。

　　但是，反顧我們自身，至今尚未成佛，這是因為我們對藥師佛信心不夠的緣故。其實我們本然具足佛的本性，所以當我們讀到藥師佛的第一大願時，就應該把我們凡夫下劣的念頭斷除，如此才能與藥師佛的願力相應，而獲得其本願功德利益。

　　第二大願：願我來世得菩提時，身如琉璃，內外明澈，淨無瑕穢；光明廣大，功德巍巍，身善安住；焰網莊嚴，過於日月。幽冥眾生，悉蒙開曉，隨意所趣，作諸事業。

　　藥師佛的第二大願是相當奇妙的，他發願成就無上菩提時，其身體有如淨琉璃般內外明澈，**像藍寶石一般的顏色**，清淨而沒有瑕疵污穢。

　　藥師佛的光明巍巍，功德廣大不可思議，焰網莊嚴超過於日月的光明。藥師佛的世界是透明的寶藍色世界，他的光明是整片一起放光，如果我們從遠處來觀察，會覺得相當的光明，但是如果我們身處其中卻不會察覺，只會發現外面的世界是較藥師淨土黑暗，而裡面是完全的光明，整個地面也是一片廣大的透明地，

Bhaisajya-guru
藥師佛

➡ **佛紀** 1288
     公元 744

§ 日本聖武天皇不豫令諸
  國修持藥師悔過法，度
  百人。

§ 金鐘寺舉行萬燈會。

焰網莊嚴藥師佛

莊嚴無比。

　　有時我們常以「焰網莊嚴」來形容藥師佛，就是由此願而來。藥師佛的願力相當大，他使幽冥眾生悉蒙開曉，隨其心意的趣向，行作諸事業。

　　所以當我們讀誦藥師佛第二大願時，我們便可觀想自己的身體宛如淨琉璃一般透明光潔，如此不僅能蒙受藥師佛本願功德的加持利益，對我們的身心會產生很大的幫助與利益，讓我們愈來愈親近藥師佛的世界。

　　第三大願：願我來世得菩提時，以無量無邊智慧方便，令諸有情皆得無盡所受用物，莫令眾生有所乏少。

　　一般而言，佛菩薩的教化都是比較偏向導引眾生趨向出世間的修行成就，來得到究竟的解脫安樂，比較不特別注重滿足我們的世間願望。但是藥師佛在此，卻因為他發願利益眾生，在教化與接引上的善巧方便，他特別能滿足我們在世間上的善願與期望。他希望能藉此使眾生在世間上，滿足無虞後，更進而導引我們成就究竟的菩提。

　　藥師佛的第三大願就是當他得證菩提時，他會以無量無邊的智慧方便，來使所有的眾生都能夠得到衣食、物資、財富等無盡的受用。藥師佛是一位能滿足現世與出世的偉大佛陀，所以他發願要使一切有情得到無盡的所受用物，不忍心眾生受貧困、缺乏之苦。

　　所以在這樣的願力下，我們認真修持藥師法，也可以具足財

Bhaisajya-guru
藥師佛

➡ **佛紀 1289**
　公元 745
§ 日本天皇不豫，於京畿
　內諸寺、名山修持藥師
　悔過，過三千八百人；
　還幸平城宮。
§ 日本新藥師寺本堂建
　立。

■ 大乘菩薩的戒法——三聚戒

　　指大乘菩薩的戒法。又作菩薩三聚戒，簡稱三聚。聚，種類之意。
以此三聚的戒法，無垢清淨，含攝大乘諸戒，圓融無礙，所以稱三聚
淨戒、三聚圓戒。即：⑴攝律儀戒，乃捨斷一切諸惡，含攝諸律儀的
止惡門。又此戒為法身之因，以法身本自清淨，由於惡覆，所以不得
張顯；今離斷諸惡，則功成德現。

　　⑵攝善法戒，又作攝持一切菩薩道戒，謂修習一切善法。此為修
善門，係菩提所修的律儀戒，以修身、口、意的善迴向無上菩提，如
常勤精進，供養三寶，心不放逸，守攝根門及行六波羅蜜等，若犯過，
則如法懺除，長養諸善法。此即報身的因，以其止惡修善，所以能成
報佛的因緣。

　　⑶攝眾生戒，又作饒益有情戒，即以慈心攝受利益一切眾生，此
為利生門。

　　此三聚淨戒為大乘僧、俗的通行戒，然大乘僧眾始受攝律儀戒，
即受二百五十戒，此謂別受；後再總受三聚淨戒，稱為通受。

寶無有匱乏。但是有一點要注意，我們一切的願望與祈請一定要與佛法相應，與清淨相應，與菩提相應，否則也是徒勞無功。

當我們擁有財寶、物資充實時，這時也可以多作布施，布施得多，也自然富貴及身，這就是無盡的善循環，很合乎經濟的原則。

第四大願：願我來世得菩提時，若諸有情行邪道者，悉令安住菩提道中；若行聲聞獨覺聖者，皆以大乘而安立之。

藥師佛希望我們都能成佛，如果任何有情眾生，誤入邪道時，他對邪道者會充滿同情，絕不會棄之於不顧，會幫助他們走向正道，安住於菩提道中；若是行聲聞、獨覺二乘的聖者，藥師佛也會勸化其修學大乘法。

第五大願：願我來世得菩提時，若有無量無邊有情，於我法中修行梵行，一切皆令得不缺減，具三聚戒；設有毀犯，聞我名已，還得清淨，不墮惡趣。

如果無量無邊的有情眾生，在藥師佛的正法中修行清淨之行，都能使一切沒有缺陷，具足戒行圓滿；如有毀犯過失，一聽聞藥師佛的聖號，就能還使戒律清淨，不會墮於惡趣之中。

但是在此也要注意，不要因為藥師佛有如此願力，而將此願來當成自己墮落的「護身符」，這就等同是「方便生下下流」，這是值得注意的觀點。

第六大願：願我來世得菩提時，若諸有情，其身下劣、諸根不具：醜陋、頑愚、盲聾、瘖瘂、攣躄、背僂、白癩、癲狂種種

Bhaisajya-guru
藥師佛

➡ **佛紀** 1291
    公元 747
§ 日本新建師寺建造七佛
   藥師像。

若有眾生爲病痛所逼迫，只要聽聞藥師佛名號，諸病皆可消除

病苦，聞我名已，一切皆得端正黠慧、諸根完具，無諸疾苦。

　　第六大願是大醫王藥師佛滿足我們在世間的願望，讓諸根不完全具足的眾生，濟助其諸根完具，使得具有醜陋、頑愚、盲眼耳聾、瘖瘂、背僂、白癩、癲狂等種種病苦的眾生，聽聞藥師佛的名字，一切皆能得致端正黠慧，身體的各種器官、功能都能完具健康，沒有疾病苦痛。

　　第七大願：願我來世得菩提時，若諸有情眾病逼切，無救無歸，無醫無藥，無親無家，貧窮多苦；我之名號，一經其耳，眾病悉得除，身心安樂，家屬資具悉皆豐足，乃至證得無上菩提。

　　第七大願是藥師佛幫助我們在世間時，若有眾生身心為病痛所逼迫，沒有救治與醫師，無有醫療亦無救藥，沒有親人照料、無家可歸，貧窮且多苦難；這時只要聽聞藥師佛的名號，諸眾病痛皆可消除，令身心得致安樂康健，家屬資具都豐滿具足，讓我們在求得現世安樂的同時，有更好的機會求得無上菩提，這是方便助益我們容易有所成就。

　　第八大願：願我來世得菩提時，若有女人，為女百惡之所逼惱，極生厭離，願捨女身；聞我名已，一切皆得轉女成男，具丈夫相，乃至證得無上菩提。

　　第八大願是相應於當時的時代背景所發起的願力，並非對女性有所歧視。再者，男女的生理結構不同，女性的身形與體力都較男性柔弱，而且女性負有生育哺乳後代的責任，因此在生理狀態上，容易擁有比男性多的困擾與痛苦。所以，若有女人，因為

Bhaisajya-guru
藥師佛

➡️ 佛紀 1295
　　公元 751

§ 日本聖武上皇不豫，於
　新藥師寺修持續命法，
　設齋大赦。

■藥師佛以法味來安樂眾生心

　　法味即妙法的滋味。又作佛法味、法智味。佛陀所說的法門，其義趣甚深，須細細咀嚼體得，方能生起快樂，所以以美味來譬喻之，稱為法味。

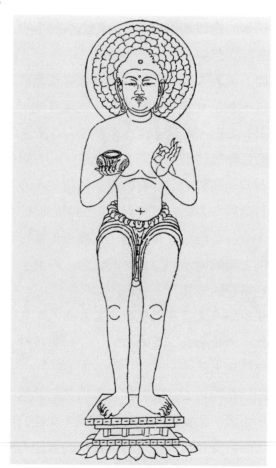

當我們身心受到煎迫苦痛，若聞藥師佛名號，皆得解脫一切憂苦

這些種種煩惱與痛苦，於未來生想要轉女身為男身者，修習藥師法也能滿足此一願望。

第九大願：願我來世得菩提時，令諸有情出魔羂網，解脫一切外道纏縛；若墮種種惡見稠林，皆當引攝置於正見，漸令修習諸菩薩行，速證無上正等菩提。

此願是當藥師佛得證菩提時，能使諸有情眾生脫離所有的魔惱，解脫一切外道、邪見的困擾。若是墮於種種的惡見稠林中，都可以將之引領攝持，安置於正見之中，讓他在淨土中修習諸菩薩行，迅速證得無上正果。

第十大願：願我來世得菩提時，若諸有情，王法所錄、縲縛鞭撻、繫閉牢獄、或當刑戮，及餘無量災難凌辱悲愁煎迫，身心受苦；若聞我名，以我福德威神力故，皆得解脫一切憂苦。

在這樣的願力中，監牢裡的囚犯都適合來修持藥師法，一定會有很大的助益，因為藥師佛的願力是相當宏廣偉大的。

第十一大願：願我來世得菩提時，若諸有情，飢渴所惱，為求食故造諸惡業；得聞我名，專念受持，我當先以上妙飲食飽足其身，後以法味畢竟安樂而建立之。

此願是藥師佛得證菩提時，若有眾生，因為生活困苦，為飢渴所逼惱，為求飲食故而造作種種的惡業行為，此時只要聽聞到藥師佛的名號，專一心思，一心不亂地受持念誦，藥師佛必當會先以上妙好的飲食，令他們身體得到飽足，然後再以佛法的法味，來令他們得到究竟的安樂。

Bhaisajya-guru

藥師佛

➡ **佛紀** 1297
　　公元 753

§ 日本藥師寺佛足石記成
　立。

修持藥師法可得致現世與出世間的圓滿

第十二大願：願我來世得菩提時，若諸有情，貧無衣服，蚊虻、寒熱晝夜逼惱；若聞我名，專念受持，如其所好，即得種種上妙衣服，亦得一切寶莊嚴具，華鬘、塗香、鼓樂、眾伎以隨心所翫，皆令滿足。

此願是指當藥師佛得證菩提時，若有眾生，貧窮而沒有衣服穿，且為蚊蟲咬，受寒熱天氣晝夜所逼惱，只要得聞他的名號，一心不亂地專念受持，則如其所喜好，即可以得到種種上妙的衣服，也可得到一切的寶貴莊嚴的器具，以及各種的花鬘、塗香、音樂、歌舞、玩樂等，皆令得滿足。

以上這是藥師佛在因地時所發的十二大願。

從以上十二大願我們可以很深刻的了解，藥師佛是我們現世與出世的雙重佑護者。所以當我們修持藥師法時，可以得到現世的滿足與無上菩提的滿足，在出世間與入世間皆能圓滿，一切所求都得以如願。

在如此圓滿的救濟中，我們要記得，藥師佛他所要成就的是無上正等正覺，一個絕對清淨圓滿的世界。他的願力很深入，很堅固，所以藥師佛先讓我們得到基本的滿足後，更進而慢慢引導我們走向最究竟的安樂道路。

Bhaisajya-guru
藥師佛

➡️ **佛紀** 1298
　　公元 754
§ 日本請四十九僧皈依藥
　師佛，祈禱上皇平安增
　壽。

藥師佛的淨琉璃世界

04 藥師佛的琉璃光淨土世界

藥師如來的淨土，又稱為淨琉璃世界，藥師佛之身清淨如同琉璃一般，其淨土亦如此，所以稱為淨琉璃世界。

又由於這一淨土在是十恆河沙國土以外的東方，所以又稱為東方淨土。而同時又稱為東方淨土的，又有阿閦佛的妙喜淨土。

其實淨土是寬廣的共通名稱，西方阿彌陀佛的極樂世界淨土、東方藥師琉璃淨土、《維摩經》中東方阿閦佛的妙喜淨土、上方眾香淨土等，這些都是淨土的一種。

所以《法華經》說：「臨命終時，千佛授手，十方淨土，隨願往生。」是意謂隨著諸有情眾生心意的所好趨向，皆可往生。

然而現今我們一般所了解的淨土，大都是指阿彌陀佛的極樂淨土，其實廣義的淨土，應是指所有佛菩薩的清淨國土世界，也可說是人間的理想國。

現實的人間，充滿著無限的苦迫與缺陷；而淨土則是無限的清淨莊嚴，自由與安樂。在這淨土中，一切圓滿，經常受佛菩薩的教化庇護。生在此淨土中，可以一直向上修學，過著光明、合宜的生活。

一般淨土的種類可略分為三：

(1)究竟淨土，即法性佛土及自受用佛土，即天台宗所說的常寂光淨土及圓滿實報莊嚴土。

Bhaisajya-guru

藥師佛

➤ 佛紀 1299
　公元 755

§ 新羅（韓國）芬皇寺藥
　師銅像完成，重約三十
　六萬七千七百斤。

➤ 佛紀 1301
　公元 757

§ 鳳翔府開元寺設置藥師
　道場，擇三十七僧，六
　時行道、燃燈、歌唄、
　讚念、持經，感得李樹
　生四十九莖的瑞事。

東方淨土——藥師佛

⑵他受用佛淨土，佛為十地菩薩所現淨土，天台宗所說名為圓滿的實報莊嚴土。以上的淨土都不是凡夫、外道、二乘（聲聞、緣覺）所能到達的。

⑶方便攝受眾生淨土，這就是現在一般人所謂阿彌陀佛的極樂淨土，乃至於彌勒兜率淨土等。這些淨土是專為發大乘心、行菩薩道者，在這一生未得成就度生自在、轉世恐有退墮者，乃攝歸方便淨土中為作依靠。

凡夫、外道貪生死者不求往生淨土，而聲聞、獨覺二乘者則自求涅槃，大乘聖位菩薩各自出生於其蓮華藏淨土等亦不須求往生淨土；所以十方佛菩薩變現淨土，是專為攝受學習發大乘心而未能究竟自在者所設立的。

在經典中，對於藥師佛淨土景觀的描繪其實並不多，大都是側重於其本願及現世的救度。我們來看看在《佛說藥師如來本願功德經》・隋天竺三藏達摩笈多的譯本中提到的淨琉璃世界：

「彼佛國王一向清淨無女人形，離諸欲惡，亦無一切惡道苦聲。琉璃為地，城闕、垣牆、門牆、堂閣、柱樑、斗拱，周匝羅網皆七寶成；如極樂國淨琉璃——界莊嚴如是。於其國中有二菩薩摩訶薩：一名日光，二名月光，於彼無量無數諸菩薩眾最為上首，持彼世尊藥師琉璃光如來正法之藏。是故曼殊室利，信心善男子、善女人，應當願生彼佛國土。」

而《藥師琉璃光七佛本願功德經》卷下也有類似的記載。《淨琉璃淨土摽》中則有較詳細的描寫：

Bhaisajya-guru
藥師佛

➤ 佛紀 1332
公元 788
§ 日僧最澄建造比叡山
寺，並造等身藥師像。

■藥師淨土的城闕宮殿都是由七寶所成

七寶即七種珍寶，又稱七珍。指世間七種珍貴的寶玉。諸經的說法不一，《阿彌陀經》、《大智度論》卷十等謂七寶即：

(1)金。(2)銀。(3)瑠璃，又作琉璃、毘瑠璃、吠瑠璃等。屬青玉類。

(4)頗梨，又作頗胝迦，意譯作水精（晶）。指赤、白等之水晶。

(5)車渠，又作硨磲。經常與碼瑙混同，概指大蛤或白珊瑚之類。

(6)赤珠，又稱赤眞珠。(7)碼瑙，深綠色之玉，但異於後世所稱之碼瑙。

《法華經》卷四則以金、銀、琉璃、硨磲、碼瑙、眞珠、玫瑰為七寶。

藥師淨土的淨琉璃地皆由七寶所成

「其他紺琉璃色，塵數無量寶花樹，樹華葉形或佛形，放無量光明，名佛波羅蜜，或菩薩形，生無量伎樂，名三昧總持，或金堂形，放量百寶雲，名菩提妙嚴。或寶塔形，生無量天眾，名覺智樹，漠日雨輪樹，無量百千幢幡行列、無量寶網寶鬘鈴鐸等莊嚴。」

琉璃淨土是依藥師佛因地本願所證成的依報世界。藥師佛的淨土世界是純一清淨透明的寶藍色世界，整個地面是藍色透明的淨琉璃，莊嚴的城闕宮殿等，也都是由七寶所成，其國土中沒有諸種染欲，也沒有三惡趣等苦惱。琉璃淨土莊嚴無比，其莊嚴殊勝之處就如同阿彌陀佛的極樂世界。

藥師琉璃光如來在因地中所發起的十二大願，都是針對現實人間的缺陷，使之淨化昇華，積極地展現了理想世界的情況。以下我們還是從藥師佛十二大願的角度，來看藥師琉璃淨土的特色：

㈠人人平等。藥師淨土上的一切眾生相好莊嚴都與佛陀一樣；這其實意味著眾生與佛陀的體性無所分別。淨土的眾生身相，都是黃金色的，這也表示了種姓的平等。這樣的顯示是源於印度種姓的階級森嚴，起初依形色來分別。所以梵語的「種姓」，也是從「色」字而來。

而我們現今的這個世界，雖然講求人人平等，但是仍然存有各種種族、男女歧視等不平等的問題，這亦是人間苦迫的根源之一；所以在淨土中人人金色，也就是人人平等的表現。

㈡佛光普照，人人能成辦一切事業。依世間的光明而言，如

Bhaisajya-guru
藥師佛

➤ 佛紀 1367
公元 823
日本東大寺修持
藥師法。

■ **藥師淨土人人平等，沒有種性差別**

種性係依種族、職業、地域等區分為各種尊卑貴賤階級的制度，為一世襲、封閉而不平等的社會制度。

印度自吠陀時代，因出生的身分、階級、職業等的不同，而決定其種姓，因此乃構成一特異之社會階級制度。

古代印度社會分為僧侶（婆羅門）、王侯武士（剎帝利）、農工商店民（吠舍）、賤民（首陀羅）等四等種姓，其後逐漸產生分歧的副種姓與雜種階級，而呈現出宗教、歷史、社會的複雜型態。

藥師淨土中沒有眾病的迫切苦

白日臨空時，人們才會開始進行各種的事業。然而依智慧的光明而言，沒有智慧，遇到任何困難都無法解決；有了智慧，才能無事不成辦。佛陀以無量智光普照大眾，普薰眾生而使之智慧漸長，所以所作的事業，沒有不成就的。

㈢資生物質非常充足。淨土的居民人人平等，而且智力開展，無事無不成就，所以生產豐富，民生安樂。

㈣人人安住大乘。在這苦迫的人間，人們大都安住於凡夫法中。一般凡夫都是為了自己的名利、享受而努力；或為了自己，而專修禪定，獨善其身。也有安住小乘法，那是專心於自己的身心解脫，缺少積極幫助他人解脫成佛的悲心。安住大乘法的行者，被稱為火裡蓮花，是極為難得的。

但在此淨土中，人人都能安住於大乘菩薩行，不離於世間，又不執著世間。如《維摩詰經》所說，「非凡夫行，非聖賢（指小乘）行，是菩薩行」。菩薩是自他俱利，上求佛道下化眾生的。

㈤戒行清淨。淨土眾生的行為都符合於道德，沒有殺盜淫妄的種種罪惡行為。人格健全，德行具足。

㈥淨土眾生，沒有六根不具足的。淨土中個個身心健康，且完整健全，並能精進修行佛法。

㈦淨土中沒有眾病的迫切苦。即使生了病，也不會貧病交加，而是眷屬、資具、醫藥具足。有醫藥療治，有休息安養，眾病自然痊癒了。

㈧人人都是丈夫相。淨土的眾生都是單一性，沒有男女的分

Bhaisajya-guru
藥師佛

➡️ **佛紀** 1394
公元 850
日本清涼殿修持
七佛藥師法。

由於藥師佛的十二大願，而形成了清淨莊嚴的藥師淨土

別，人人都是丈夫相。

(九)思想見地正確，意志堅定。淨土眾生，不受魔網所纏縛，不為外道邪見所欺騙，人人修習大乘正道。

(十)眾生不受王法所錄。古有「政簡刑輕」的理想；政治修明到沒有犯罪的，有也是很少，社會多麼和平而安樂！淨土就是這一理想的實現，不像我們生存的世界，多有繫閉牢獄，刑戮鞭撻等身心苦惱。

(十一)淨土中飲食豐足，而又進一步的飽餐法味。淨土中，身心都有良好的糧食，不像我們生存的世界，饑渴逼惱，為了飲食而造種種惡業。而不僅衣食豐足，又有增長心靈的佛法資糧，得以飲食。

(十二)沒有貧無衣服、或常受蚊蟲寒熱逼惱的痛苦。不但服飾不缺，還有種種正當的娛樂。負責教化的佛菩薩，先使眾生的生活不匱乏，再施以佛法的化導，真是「衣食足而後知禮義」。

淨土中，不但物質生活豐庶理想，而智慧、道德，又能不斷的在生活中向佛道而進修增長。藥師佛在因地中立下這樣的大願，而形成了這樣殊勝圓滿的藥師琉璃淨土。

Bhaisajya-guru

藥師佛

➡️ **佛紀** 1452
公元 908
遵誨住汴州相國
寺藥師院。

藥師七佛

05 藥師七佛

　　藥師佛在經典裡有兩個系統，一個是以藥師佛為主的《藥師本願功德經》，另一個是以七佛藥師為主的《藥師七佛經》。在《藥師七佛經》裡所傳的七佛各有不同的名稱，也各有不同的願力，其中則以藥師琉璃光佛最為殊特圓滿。

　　藥師琉璃光七佛，這七佛是：善名稱吉祥王如來、寶月智嚴光音自在王如來、金色寶光妙行成就如來，無憂最勝吉祥如來、法海雷音如來、法海勝慧遊戲神通如來、藥師琉璃光如來。

　　有關這七佛可參考《藥師琉璃光七佛本願功德經》，是大唐三藏沙門義淨所譯的。而《藥師如來本願功德經》有兩本，一本是隋天竺三藏達摩笈多所譯，另一本是大唐三藏法師玄奘所譯。

　　從經典中我們可得知這七佛所發的願各不相同，有些有八個願，有些有四個願，但是他們所發的誓願都是愈來愈廣大，愈來愈圓滿。

　　這七佛藥師有兩種說法，一種說法是以為他們是各自一體的，各有各的願力；另一種說法認為他們是藥師如來所化現的。

　　在一般的《藥師本願功德經》裡所說的是：「造彼如來形象七軀。」而不是「造七佛藥師如來」，所以他們在修法上的展現就各不相同了。但是無論依據何種經典修持，其修持的效果都是一樣的，只是我們在緣起的修行過程中，產生不同的現象罷了。

Bhaisajya-guru
藥師佛

佛紀 1517
公元 973
日本詔令大和、
伊賀等十國再建
藥師寺。

藏傳佛教的藥師七佛

藥師佛與七佛藥師的名號各別，而其佛土也不相同；但是自古以來，藥師七佛是一體或是異體的問題，就有不同的看法。

《阿娑縛抄》說：「本願經云：『造彼如來形象七軀』，二經不同也，本願經只見藥師佛七體，七佛經明七佛各別名並淨土本願。智泉云：『二經心各別也，隨依一意可修之。』」依此，以爲二經根本上有所不同，其依據之心要與七佛之體、淨土、本願亦有所不同。所以又説：「依二卷經（《藥師七佛經》）修之者，善名稱等七佛爲本尊；依一卷本（《藥師經》）者，藥師七體。」

但是《阿娑縛抄》傳教大師的作為又有如下的看法，《阿娑縛抄》說：「又傳教大師鎮西造立給七如來。中如來其名藥師見傳，若依此意彼七佛猶是藥師如來一佛異名歟！」這是以為七佛皆為藥師一佛的異名。

又說，「玄奘七佛開一佛故，專譯第七藥師功德。義淨一佛又七佛故，委譯七佛各別功德：《藥師琉璃如來七佛本願經》題，終藥師琉璃光如來本願功德結名。……《本願經》又請問詞：『惟願演說如是相類諸佛名號。』世尊答云：『勸請我說諸佛名號。』，依師說推，此詞指善名稱等云諸佛歟！……然者二經附合，七佛一揆……是則一佛改名號，七國成正覺者。」這個說法有極濃的調和味道，是想要解決這二部經典的相異點，以為七佛即一佛。

又說：「江師云，七佛名號各別也，必皆非藥師歟！但七佛

Bhaisajya-guru

藥師佛

➡ 佛紀 1591
　　公元 1047
§ 日本山城國西明寺刻藥
　師如來像。

敦煌的藥師七佛

藥師雖各別，藥師始故，爲名謂藥師等七佛云也。」這說法是認為藥師七佛是相異的七佛，而非同體了。

　　總結這些看法，則「藥疏云：『七佛經題《藥師如來七佛本願經》者有二義，一、相傳釋云，前六佛藥師分身也，攝化歸本名藥師七佛經。二、從第七佛得名，言總意別故言《藥師七佛經》，而東密則以爲藥師七佛皆爲淨琉璃世界的藥師如來。』」

　　在《覺禪鈔》更直接指出《本願經》的七軀像即《藥師七佛經》的七佛，《覺禪鈔》說：「本願經一佛，七佛經各別尊，一體分身法。……又兩經見始終更無差異也，本願經形象七軀者，二卷經（七佛經）所說七佛也。或七佛抄云：『七佛同是一體分身，隨機緣取七佛淨土成佛利生。』」

　　由以上這些說法來看，認為《藥師經》與《藥師七佛經》同本者，是認為一佛與七佛同體。但從上卷的論證，此經並非只有節略的差異而已。或有人認為《藥師經》與《藥師七佛經》的來源或由不同的傳承；或由《藥師經》在傳承中，經由藥師修行者依據藥師法而輾轉擴大附會而成。在佛教的修持中本有許多不可思議的境界，而密宗的經軌，經由如此而增加其內容，亦非不可理解。

　　藥師佛與藥師七佛就修持而言，可依不同的心要與因緣而取修；也可認為藥師七佛即藥師佛的分身而來作修持。不論是一佛或七佛的證得，只要在理論上清晰可明，修持上圓滿向上，自能修證圓同藥師佛，進入真實的藥師佛法界。

Bhaisajya-guru
藥師佛

➡️ **佛紀** 1652
　　 公元 1108
§ 高麗國於文德殿講《藥
　師經》以攘退賊兵。

三寶佛：中央釋迦牟尼佛，左爲阿彌陀佛，右爲藥師佛

06 藥師佛的眷屬

　　藥師琉璃光淨土的教主藥師如來，他的完整名稱是藥師琉璃光王如來，通稱為藥師琉璃光如來，簡稱藥師佛。藥師佛在中國受到相當的崇敬與廣大的流傳。所以一般的寺院裡，常把藥師佛列入三寶佛之一。

　　我們都知道一般三寶是指佛、法、僧三寶。佛，是正覺者；法，是宇宙的真理；僧，是一群追求真理、推動佛教和樂共存的團體，即為教團，但是「僧」並不特別指出家人或在家人，而是一群追求真理的生命。

　　而三寶佛是通俗化的稱呼，一般寺廟裡的三寶佛通常是指：位於中央的釋迦牟尼佛，左邊的阿彌陀佛及右邊的藥師佛。由此可見釋迦牟尼佛、阿彌陀佛與藥師佛已儼然成為中國最受崇敬的三尊佛。

　　一佛二菩薩是佛壇的基本造型，以現代通俗的說法，我們可以譬喻佛陀是意味著「校長」，文殊菩薩是負責「教育部門」，普賢菩薩是負責「實踐部門」。他們在娑婆世界稱為「華嚴三聖」，但是在十方的各個世界裡，他們的位置也會有所不同的展現。

　　他們有時會到極樂世界或是藥師世界去化現成另一個菩薩，來幫助利益眾生。所以在法界裡他們是「互通有無」，扮演著各

Bhaisajya-guru
藥師佛

➡️ **佛紀** 1698
　　公元 1154
§ 日本忠實，供養藥師像
　一千一體，藥師經摺字
　一千卷。

東方三聖：藥師三尊（藥師佛與日光、月光菩薩）

種幻化的角色。

日光菩薩與月光菩薩

　　而藥師佛的東方淨琉璃世界有二大菩薩，一名月光菩薩，一名日光菩薩；藥師佛與日光、月光菩薩合稱藥師三尊，又稱東方三聖，中尊為藥師如來，左脇侍為日光菩薩，右脇侍為月光菩薩。

　　《藥師經疏》中引述藥師佛與日光、月光兩位大菩薩的由來，謂過去世界有電光如來出世，說三乘法度化眾生。當時有一位梵士，見到世界濁亂，所以發起菩提心，要教化這個世界的苦難眾生。因為他特別發願要利益為病苦所纏的眾生，所以電光如來改其名號為醫王。他的兩個孩子皆饒益幽冥眾生，長子名日照，次子名月照。而那時的醫王，即為東方藥師如來，二子即為二大菩薩——日光遍照菩薩、月光遍照菩薩。

　　日光菩薩，梵名為 Sūrya-prabha。又作日曜菩薩、日光遍照菩薩，其身呈赤紅色，右手執蔓朱赤花。

　　月光菩薩，梵名為 Candra-prabha，又稱為月淨菩薩、月光遍照菩薩，與日光菩薩因為淨琉璃世界之菩薩眾上首，受持藥師如來正法藏。

　　在密教中，月光菩薩為密教金剛界曼荼羅賢劫十六尊之一，胎臟界曼荼羅文殊院中之一尊。

　　金剛界中，月光菩薩位列微細會第二院的西邊。身呈白色，左手握拳當腰，右手持月光形，或持蓮華，華上安半月。密號清

Bhaisajya-guru
藥師佛

➡ 佛紀 1689
　公元 1145
§ 日本內大臣賴長血書
　《藥師經》。

藥師佛與八大菩薩

涼金剛，三昧耶形為半月形。

　　胎藏界曼荼羅中，此菩薩位於文殊院中妙吉祥之右方，在妙音菩薩與無垢光菩薩之間。右拳當腰執蓮華，華上安半月，左拳當胸持合蓮華，跏坐蓮臺。密號威德金剛，三昧耶形為青蓮華，上置半月形。

　　然而日光菩薩、月光菩薩在名號上，並沒有特別顯現出醫藥上的名稱特質，而是以日光、月光來代表一切清淨的光明，法性的光明，以及救度的光明的意義。

　　而日光、月光菩薩與藥師佛的脅侍，其光明的清涼，同時也表徵能解除眾生的憂苦、煩惱，**救度眾生直抵安樂解脫的彼岸**。

八大菩薩

　　藥師佛的眷屬尚有藥師八大菩薩及藥師十二神將，在《藥師琉璃光如來本願功德經》中記載：

　　「復次曼殊室利！若有四眾苾芻、苾芻尼、鄔波索、迦鄔波斯迦及餘淨信善男子、善女人等，有能受持八分齋戒，或經一年或復三月受持學處，以此善根願生西方極樂世界無量壽佛所，聽聞正法而未定者，若聞世尊藥師琉璃光如來名號，臨命終時有八菩薩乘神通來示其道路，即於彼界種種雜色眾寶華中自然化生。或有因此生於天上，雖生天中而本善根亦未窮盡，不復更生諸餘惡趣。天上壽盡還生人間，或為輪王統攝四洲，威德自在安立無量百千有情於十善道；或生剎帝利、婆羅門、居士大家，多饒財

Bhaisajya-guru
藥師佛

➡️ **佛紀** 1782
　　公元 1238
§ 日本延曆寺修藥師法，
　以防天變之災。

藥師佛與八大菩薩

寶倉庫盈溢，形相端嚴，眷屬具足，聰明智慧，勇健威猛如大力士；若是女人得聞世尊藥師如來名號，至心受持，於後不復更受女身。」

這八大菩薩的名字在早期的經本裡並沒有，但是一般的流行本裡都有提到。這八大菩薩分別是：文殊菩薩、觀音菩薩、大勢至菩薩、寶壇華菩薩、無盡意菩薩、藥王菩薩、藥上菩薩、彌勒菩薩，共八位大菩薩。

此外，在《藥師經》裡有交代。如果我們修行到某一個程度後，心中發願要往生極樂世界，在此時若是修持的是藥師法，這八大菩薩仍會護送我們到極樂世界去，所以要到極樂世界去，不一定是只持誦阿彌陀佛的聖號，修持藥師佛法門亦可。

除了藥王、藥上兩位菩薩之外，其餘六位菩薩將陸續在「守護佛菩薩系列」中詳細介紹，以下我們來看看藥王、藥上兩位菩薩。

這兩位菩薩能施與良藥，來救治眾生身、心兩種病苦，是阿彌陀佛二十五菩薩之一。

據《觀藥王藥上二菩薩經》載：過去無量無邊阿僧祇劫，有佛號琉璃光照如來，其國名懸勝幡。彼佛涅槃後，於像法中，有日藏比丘，聰明多智，為大眾廣說大乘如來之無上清淨平等大慧。時眾中有星宿光長者，聞說大乘平等大慧，心生歡喜，以雪山良藥，供養日藏比丘及眾僧，並發願以此功德回向無上菩提，若有眾生聞己名者，願其得滅除三種病苦。時長者之弟電光明，亦隨

Bhaisajya-guru

藥師佛

➡ **佛紀** 1812
　　公元 1268

§ 日本叡山中堂修持七佛
　藥師法，祈願降伏異
　國。

■ 現一切色身三昧

　　㈠謂諸佛菩薩為方便攝化眾生，示現種種色身時所入的**三昧**。又
作普現色身三昧、普現三昧。

　　如《法華經》中觀世音示現三十三身，尋救救苦，即依此三昧之
力用。以及《法華經》妙音菩薩品：「華德菩薩白佛言：『世尊！是
妙音菩薩深種善根。世尊！是菩薩住何三昧，而能如是在所顯現度脫
眾生？』佛告華德菩薩：『善男子！其三昧名現一切色身，妙音菩薩
住是三昧中，**能如是饒益無量眾生。**』」

　　又如密教大日如來於胎藏界曼荼羅中**所流出的諸尊**。

　　㈡謂密教真言行者中「普門」的大機，觀照曼荼羅海會的諸尊於
一心不亂的三昧。又作普眼三昧。《大日經疏》卷六：「若於大悲藏
雲海中一心不亂，名鉏眼三昧，亦名普現色身三昧。」〔法華經藥王品〕

兄持諸醍醐良藥供養日藏及諸僧眾，亦發大菩提心，願得成佛。

其時，大眾讚歎星宿光長者為藥王，電光明為藥上。

這就是經典中，有關藥上菩薩、藥王菩薩的由來。而在本經典中並記載此二菩薩久修清淨梵行，諸願已經圓滿，藥王菩薩於未來世成佛，號淨眼如來；藥上菩薩成佛時，則號淨藏如來。

而另外，在《法華經》卷六〈藥王菩薩本事品〉記載：「過去無量恆河沙劫，有日月淨月德如來，其佛壽命為四萬二千劫。時有一菩薩，名一切眾生憙見菩薩，修習苦行，精進經行，一心求佛，經一萬二千歲，證得「現一切色身三昧」，乃服諸香，飲香油，滿一千二百年。而燃身供佛。

命終後復化生於淨德王之家，受日月淨明德如來的付囑，於彼佛滅度後造八萬四千塔。其自身亦於七萬二千年間，燃臂供養其塔。」

這一切眾生憙見菩薩即是藥王菩薩，這是藥王菩薩行菩薩道時的大行。

《法華經》卷七妙莊嚴王本事品中記載：「於過去無數劫，有雲雷音宿王華智佛，說《法華經》。時有國王名妙莊嚴，夫人名淨德，二子名淨藏、淨眼。其王邪見熾盛，信外道之法。夫人與二子乃共設種種方便，使王至宿王華智佛所，聽聞《法華經》，共得利益。」

淨藏、淨眼二人即是藥王、藥上二菩薩。

藥王菩薩的形像，一般為頂戴寶冠，左手握拳，置於腰部，

Bhaisajya-guru
藥師佛

➡ **佛紀** 1818
　　公元 1274
§ 日本延曆寺修持七佛藥
　師法。

藥王菩薩

右手屈臂，置放胸前，而以拇指、中指、無名指執持藥樹。三昧耶形為阿迦陀藥，或為蓮花。真言為「唵(oṃ)鞞逝捨羅惹耶（bhaiṣajya-rājāya，藥王）莎訶(svāhā)」，或「曩莫三曼多沒馱南訖叉拏多羅闍釼莎訶。」

藥上和藥王菩薩，就廣義而言，可視為藥師佛圓滿力量的分化，可視為藥師佛心的化身，化身的意義並不是表示其必定是從此到彼的，只要與藥師佛心相應的話就可以視為藥師佛的化身，他們顯示了藥師法緣起的密意。

此外，《淨琉璃淨土摽》中也提到藥師淨土的大眾眷屬：

佛前左右四性出家皆入定，左第一重作金剛藏王菩薩，菩薩通身淺紅青色，坐寶蓮臺上，右手眞中掌中立三股金剛杵，左手屈臂五指閧上，大指押小指爪上，以爲塵數菩薩眾侍者，所謂雲香菩薩、華玉菩薩、金剛合掌菩薩、火頭天相菩薩、仙相菩薩等。

右第一重作蓮花幢金剛手菩薩，通身淺青色，座寶蓮花臺上，左手執眞陀摩尼，白寶蓮華臺上安金剛，右手作與願印，塵數菩薩眾以爲侍者，所謂青蓮花菩薩、三股金剛杵菩薩、一股金剛鈴鐸菩薩等也。

左第二重作日光菩薩，通身赤紅色，左手掌安日，右手執蔓朱赤花貌，或開數，或半開，或未開，或其寶菓爲之。塵數菩薩以爲侍者，所謂持香爐持摩訶蔓朱赤花等菩薩也。

右第二重作月光菩薩，通身白紅色，左手掌月輪，右手執紅白蓮花，塵數菩薩以爲侍者，所謂持鈎持鈎鈴等菩薩。白如來近

Bhaisajya-guru
藥師佛

➡️ 佛紀 1823～1912
　　公元 1279～1368
§ 元代以後，敦煌莫高窟
　鑿窟工程停止。

十二藥叉神將

後，作十弟子及二十一、三十五等羅漢，各以無數聲聞眾以為眷屬，上首各取物依本形契眷屬等者，各在承法右存法形作左右後仰左右後作無數仙人仙女等捧隨時采花。

佛前左右外院。作無量天眾妓樂形，所謂堅達婆女琴天樂奉獻貌、緊那羅自心金鼓樂貌、伽樓羅女笛天樂貌、地天女皆鼓樂貌、阿修羅女奉天鼓樂貌、摩睺羅女奉笙樂貌、大魔侶天眾奉獻舞天樂貌也。外院上下八方。作十二神將眾，無數金剛童子眾以為眷屬也。

十二藥叉（神將）

此外，十二藥叉是藥師佛特有的護法系統。

藥叉是天眾、龍眾、夜叉、乾闥婆（香神）、阿修羅（非天）、迦樓羅（金翅鳥）、緊那羅（非人）、摩睺羅迦（大蟒神）等八部眾之一，在四天王八部神將中，也以藥叉居首。無論在佛教，在護世四天王經，藥叉皆居於重要的護法，他們護持佛法的誓願強深。

藥叉就是金剛力士，可分為天行藥叉、空行藥叉、地行藥叉。其義翻為勇健，顯示其是勇敢強有力者，不被一切摧伏而能摧伏一切。又翻為疾捷，以三種藥叉，示現威德自在，人間天上，往來迅速，迅疾如風。

十二神將又稱十二藥叉，其分別是：宮毘羅、伐折羅、迷企羅、安底羅、頞爾羅、珊底羅、因達羅、波夷羅、摩虎羅、真達

Bhaisajya-guru
藥師佛

➤ 佛紀 1825
公元 1281

§ 日本叡山中堂修持七佛
藥師法，祈願降伏異
國。

藥師十二藥叉神將

羅、招度羅、毘羯羅等。

　　後來也有人將此十二神將與子、丑、寅、卯、辰、巳、午、未、申、酉、戌、亥以及鼠、牛、虎、兔、龍、蛇、馬、羊、猴、雞、狗、豬配成十二個系統。

　　也有說這十二神將成為佛菩薩的化身，第一個是彌勒的化身，再來是大勢至、阿彌陀佛、觀音、摩利支天、虛空藏、地藏、文殊、藥師、普賢、金剛手、釋迦如來。

　　《藥師琉璃光如來本願功德經》中記載：

　　此十二藥叉大將，一一各有七千藥叉以為眷屬，同時舉聲白佛言：「世尊！我等今者蒙佛威力，得聞世尊藥師琉璃光如來名號，不復更有惡趣之怖，我等相率皆同一心，乃至盡形歸佛、法、僧，誓當荷負一切有情，為作義利饒益安樂。隨於何等村城國邑空閑林中，若有流布此經，或復受持藥師琉璃光如來名號、恭敬供養者，我等眷屬衛護是人，皆使解脫一切苦難，諸有願求悉令滿足。或有疾厄求度脫者，亦應讀誦此經，以五色縷結我名字，得如願已然後解結。」

　　這藥師佛的十二神將，各自擁有七千藥叉，計為八萬四千護法神。十二神將的名稱與形象分別是(1)宮毘羅，又成金毘羅，意譯為極畏。身呈黃色，手持寶杵。(2)伐折羅，又作跋折羅、和耆羅，意譯為金剛。身呈白色，手持寶劍。(3)迷企羅，又作彌佉羅，意譯為執嚴。身呈黃色，手持寶棒或獨鈷。(4)安底羅，又作頞儞羅、安捺羅、安陀羅，意譯為執星。身呈綠色，手持寶鎚或寶珠。

Bhaisajya-guru

藥師佛

➡ 佛紀 1927
公元 1383

§ 日本足利義滿造立釋
迦、藥師彌勒三像於南
禪寺。

■ 歷代譯本所述十二神將的名號

帛尸梨密多羅本與慧簡本	達摩笈多本	玄奘本	義淨本	梵名
金毘羅	宮毘羅	宮毘羅	宮毘羅	Kumbhiira
和耆羅	跋折羅	伐折羅	跋折羅	Vajra
彌佉羅	迷佉羅	迷企羅	迷企羅	Mihira
安陀羅	安捺羅	安底羅	頞儞羅	A.n.diira
摩尼羅	安涅羅	頞儞羅	末儞羅	Anila or (M)Aji
宋林羅	摩涅羅	珊底羅	婆儞羅	'Sa.n.dira
因持羅	因陀羅	因達羅	因陀羅	Indra
波耶羅	波異羅	波夷羅	波夷羅	Pajra
摩休羅	摩呼羅	摩虎羅	薄呼羅	Makora
真陀羅	真達羅	真達羅	真達羅	Sinduura
照頭羅	招度羅	招杜羅	朱杜羅	'Satura
毘伽羅	鼻羯羅	毘羯羅	毘羯羅	Vikaraala

(5)頞爾羅，又作末爾羅、摩尼羅，意譯為執風。身呈紅色，手持寶叉或矢。(6)珊底羅，又作娑儞羅、素藍羅，意譯為居處。身呈煙色，手持寶劍或螺貝。(7)因達羅，又作因陀羅，意譯為執力。身呈紅色，手持寶棍或鈝。(8)波夷羅，又作婆耶羅，意譯為執飲。身呈紅色，手持寶鎚或弓矢。(9)摩虎羅，又作薄呼羅、摩休羅，意譯為執言。身呈白色，手持寶斧。(10)真達羅，又作真持羅，意譯為執想。身呈黃色，手持羂索或寶棒。(11)召度羅，又作朱杜羅、照頭羅，意謂為執動。身呈有色，手持寶鎚。(12)毘羯羅，又作毘伽羅，意譯為圓作。身呈紅色，手持寶輪或三鈷。

又有一種說法，說十二神將於晝夜十二時、四季十二個月輪流守護眾生，如果以地十二支逆配十二神將，就形成如下之表：

十二神將	十二支	本地	持物
宮毘羅	亥神	彌　勒	寶杵
伐折羅	戌神	大勢至	寶劍
迷企羅	酉神	阿彌陀	獨鈷
安底羅	申神	觀世音	寶珠
頞爾羅	未神	摩利支	矢
珊底羅	午神	虛空藏	螺貝
因達羅	巳神	地　藏	鈝
波夷羅	辰神	文　殊	弓矢
摩虎羅	卯神	藥　師	寶斧
真達羅	寅神	普　賢	寶棒
招度羅	丑神	金剛手	寶鎚
毘羯羅	子神	釋　迦	三鈷

第二部

祈請藥師佛
的守護

藥師佛深切的十二大願，
護佑我們解除根本無明煩惱，
得致圓滿的境地。

Bhaisajya-guru
藥師佛

藥師如來坐像（奈良　新藥師寺　像高 186.3cm）

第一章 如何祈請藥師佛的守護

祈請藥師佛的守護，需體解藥師佛的本願，具足藥師佛的因地願行，如此則自然趨入藥師佛世界，得致藥師佛的守護。

我們要修持藥師佛守護的方法時，最緊要的就是了知藥師佛的心，而想要了知藥師佛的心，當然應從藥師佛的本願下手。藥師佛的悲願，著實廣大不可思議，能圓滿成就我們一切世出世間的願望。我們要祈請他的守護，就要確信這個本願，心不動搖，而且去實踐，這是最重要的一步！

藥師佛第一大願中，願一切眾生如他無異，具足相好，這就是一切眾生成佛的願；而第二大願，是表現其淨土與身相的特殊——身如琉璃、內外清淨、無復瑕垢。

此外，藥師佛能使眾生遠離一切惱苦，滿足現實的一切願求，更是獨特的願行。這些大願是我們修持藥師法時所不可忘失，而且要好好學習的。

我們修持藥師法時，很重要的一點是：應具足藥師佛的因地願行，在這樣的前提下，不管我們以持名、誦咒、觀想、結印等方法來修持，都能自然迅速趨入藥師法海，不僅能得致藥師佛的守護，甚者更能成就淨琉璃世界，圓滿藥師琉璃如來。

Bhaisajya-guru

藥師佛

藥師如來坐像（京都　高山寺　像高 73.6cm）

　　因此，「我是眾生、藥師佛是佛」這種眾生與佛陀兩者的差
別觀念，是我們必須斷除的。因為從眾生、佛陀兩者的分別、相
對待態度中，會產生種種不平等的心。所以，我們要斷除這樣的
想法，也就是立即斷除我們自認為根器低劣的見地，如此才能自
然趨入藥師佛的世界。

　　此外，還要頓然超越佛地，現前即是藥師佛，不只我們自己
是藥師佛，而且要具有一切眾生都是藥師佛，一切剎土皆是藥師
淨土的見地。

　　而這樣殊勝的見地並不是憑空捏造的，這是來自《藥師經》
的記載，這是《藥師經》非常殊勝的秘密義。

　　若從《藥師經》的外層境界來看，我們祈請修學藥師佛，而
藥師佛會加持幫助我們成就；再從《藥師經》的內義來看，我
們祈請藥師佛的守護，發心修學藥師法，除了欣仰藥師佛的境界
之外，我們要以身、語、意來皈命藥師佛，進而修學藥師佛的法
門。

　　另外，從密義來看，我們從藥師佛的微妙上願中，發起跟藥
師佛同樣不可思議的大願，並且逐漸次第的圓滿這樣的願力，成
就藥師佛，那麼，我們終將會圓滿成就藥師佛。

　　但是，從藥師佛的祕密境界來看，前面這些方法雖然都很殊
勝，卻還都是次第修行的佛法，而最殊勝、最不可思議的佛法，
在藥師佛的第一大願與第二大願中顯現無疑。

　　在藥師佛的第一大願裡面，當他成佛之時，要令所有眾生與

Bhaisajya-guru

藥師佛

藥師如來坐像（奈良國立博物館　像高 49.7cm）

他無異，現在他已成佛了！所以，我們不應該有凡夫的下劣想，如果有如此下劣的想法，就是遠離了藥師經典中的祕密義。

因此，就從外義來講，我們修學藥師法，可以祈請藥師佛加持我們，讓我們的一切順利，就如同有些人唸藥師佛的佛號是唸「南無消災延壽藥師佛」，藥師佛不僅能為我們消災，能為我們延長壽命。

但更進一層，我們修學藥師佛的法門，不僅於未來能往生藥師佛的淨土，就更究竟的意義而言，我們要修學藥師佛的法門，就是要使我們的身、口、意逐漸圓同藥師佛，最終成就與藥師佛無異的佛身。這是更殊勝的密義。

藥師佛經典中真正究竟圓滿的祕密義：就是現前一切眾生皆是藥師佛！這是藥師佛成佛時，許下我們的一個因緣，所以我們不應妄自菲薄，認為自己是凡夫，無法修行成就，修行藥師法門，**就要建立與藥師佛無二無別的想法與見地。**

Bhaisajya-guru
藥師佛

藥師如來坐像（京都　神護寺　像高 68.3cm）

01 修持藥師佛的功德利益

　　修學藥師佛所獲得的利益，依《藥師琉璃光如來本願功德經》中記載，能夠迅疾成證無上正等正覺，成就佛果是經中常提及的，此外能讓行邪道者，令其入於正道；行小乘者則令其入於大乘。能得持種種戒律，又若有犯戒者，令其還得清淨，而不墮於惡趣之中。

　　此外，經中記載：「復應念彼如來本願功德讀誦此經，思惟其義，演說開示，隨所樂求，一切皆遂：求長壽得長壽，求富饒得富饒，求官位得官位，求男女得男女。」所以能得致長壽、富饒、官位、男女等，生產時無有痛苦，孩兒聰明少病，都是修持藥師佛可獲致的功德利益。

　　能解除一切痛苦，水火刀兵盜賊刑戮諸災難等皆悉免除。如經中記載：

　　「若復有人忽得惡夢，見諸惡相或怪鳥來集，或於住處百怪出現；此人若以眾妙資具，恭敬供養彼世尊藥師琉璃光如來者，惡夢、惡相諸不吉祥皆悉隱沒，不能為患。或有水、火、刀、毒、懸嶮、惡象、師子、虎狼、熊羆、毒蛇、惡蠍、蜈蚣、蚰蜒、蚊虻等怖，若能至心憶念彼佛恭敬供養，一切怖畏皆得解脫。若他國侵擾、盜賊反亂，憶念恭敬彼如來者亦皆解脫。」

　　另外在《藥師本願功德經》上，曾提到救脫菩薩告訴阿難，

Bhaisajya-guru
藥師佛

藥師如來坐像（廣島　古堡利藥師堂　像高 122cm）

有關如來所說九橫死的內容，以及修持藥師佛法門，可以避免遭受橫難並且延續壽命。

　　所謂「九橫死」，是指九種因緣，使人壽命未盡，不應死而死。

　　而九橫死中的「初橫死」，是指：「若諸有情，得病雖輕，然無醫藥及看病者；設復遇醫，授以非藥，實不應死而便橫死。又信世間邪魔、外道、妖孽之師妄說禍福，便生恐動，心不自正，卜問覓禍，殺種種眾生，解奏神明，呼諸魍魎，請乞福佑，欲冀延年，終不能得。愚癡迷惑，信邪倒見，遂令橫死，入於地獄，無有出期，是名初橫。」

　　這初橫死中，除了因無醫藥或所受非藥而死亡的情形外，另外，又有因聽信一些世間的邪魔、外道，或江湖術士、妖邪之師的邪說，以及自身的心術不正，殺害眾生等，所遭受的橫死。

　　所以我們修習正法的人在此也要注意，不要被一些低級靈鬼給蒙蔽了，他們大都有一些小神通，所以對於過去的事都能說得很準，但是對於未來的事就不準了。有些江湖的算命術士，他對於你過去的事情說得很準確，卻又準確得有點怪異，往往是鬼神的作用，最好不要去接觸。

　　二橫死是被王法所誅戮。三者是畋獵嬉戲、耽婬嗜酒、放逸無度，橫為非人奪其精氣。四者是橫為火焚。五者是橫為水溺。六者是橫為惡獸所噉。七者是橫墮山崖。八者是橫為毒藥、厭禱、咒詛、起屍鬼等之所中害。九者是飢渴所困，不得飲食，而便橫

Bhaisajya-guru
藥師佛

藥師如來坐像（大阪　獅子窟寺　像高 92.9cm）

死。其餘復有無量諸橫，難可具說。

　　如果修持藥師法這些橫難不會降臨在我們身上，於命終之時，可隨其願而往生東方淨琉璃世界或化生西方極樂世界，受到八大菩薩的接引。

　　在《藥師琉璃光如來本願功德經》中云：

　　「復次，曼殊室利！若有四眾：苾芻、苾芻尼、鄔波索迦、鄔波斯迦：及餘淨信善男子、善女人等，有能受持八分齋戒，或經一年、或復三月，受持學處，以此善根，願生西方極樂世界無量壽佛所，聽聞正法，而未定者；若聞世尊藥師琉璃光如來名號，臨命終時，有八大菩薩，其名曰：南無文殊師利菩薩，南無觀世音菩薩，南無得大勢至菩薩，南無無盡意菩薩，南無寶檀華菩薩，南無藥王菩薩，南無藥上菩薩，南無彌勒菩薩。是八大菩薩乘空而來，示其道路，即於彼界種種雜色眾寶華中，自然生化。」

　　這是藥師佛特殊的願力，能幫助意欲往生西方極樂世界者一臂之力。或隨其願生於天道、人道。

　　經中云：「或有因此生於天上，雖生天上，而本善根亦未窮盡，不復更生諸餘惡趣。天上壽盡，還生人間，或為輪王，統攝四洲，威德自在，安立無量百千有情於十善道；或生剎帝利、婆羅門、居士大家，多饒財寶，倉庫盈溢，形相端嚴，眷屬具足，聰明智慧，勇健威猛，如大力士。若是女人，得聞世尊藥師琉璃光如來名號，至心受持，於後不復更受女身。」

　　前面是依藥師佛的佛力加持而往生淨土，這裡是由藥師佛佛

Bhaisajya-guru

藥師佛

藥師如來坐像（京都　東寺金堂　像高 288.0cm）

力或生天上、或生人間。天，即指三界二十八天，欲界四天王等
六天；色界初禪天、二禪天、三禪天、四禪天等十八天；無色界
空無邊處等四天，合起來是二十八天。

　　生於天道為有漏善因，招感有漏樂果，當天福享盡時，還是
會墮落。因為聽聞藥師名號的功德，雖生天上受上妙樂，而本善
根猶未窮盡，所以不會墮於惡趣，還生人間，作轉輪王，統攝四
洲，威德自在。

　　輪王有四種：一、金輪王，二、銀輪王，三、銅輪王，四、
鐵輪王。四洲是指東勝神洲、南贍部洲、西牛賀洲、北俱盧洲。
鐵輪王掌南方一洲，銅輪王掌南西二洲，銀輪王掌南西東三洲，
金輪則掌四洲。輪王有輪寶，輪王便駕其巡禮四冰川。此金輪王
具足七寶、千子，能以威德感化四天下有情，修十善道。

　　或生剎帝利、婆羅門等，是說明或有生人道者亦得利益。剎
帝利是印度四姓之一，即王族。生於高等種姓中，衣食豐富，財
寶無量，外現相貌端嚴，人見欽悅；內則聰明智慧，並且具有威
猛尚武之精神，為人中之英雄力士。

　　此外，若在惡趣中，暫聞藥師佛名，即生人道修諸善行速證
菩提。並且獲致十二藥叉神將的守護。

Bhaisajya-guru

藥師佛

藥師如來坐像（藥師寺　講堂　像高 267.5cm）

02 藥師佛的每日修持法

　　每日恆常修學藥師佛的法門，與藥師佛日日有約，一定可以獲得藥師佛的慈悲守護，圓滿我們世間、出世間的一切，讓我們健康、平安、吉祥。

　　對於服務於醫療事業的朋友，修習藥師佛法門，不僅相應於自己的醫療事業，也相應藥師佛的本願功德，學習如同大醫王藥師佛一般。

　　修學者可以在每天清晨醒來，盥洗之後，或選擇適合自己任何合宜的時間，尋找一處安靜的地方，以清淨的身心，練習以下與藥師佛相應的方法。

　　練習之前，不妨先蒐集藥師佛的各種微妙莊嚴的法相，然後選擇自己最喜愛、相應的法相。如果家中有佛堂，則將它恭奉於案桌上；或可在自己的辦公桌上恭置藥師佛法照、十二大願願文，或在自己座椅背後的牆面上，吊掛藥師佛的法相，提醒自己隨時相應於藥師佛的本願。

　　1.修持藥師法時，於藥師佛法相前，雙手合掌恭敬禮拜藥師佛。

　　2.然後清楚地觀察藥師佛，並思惟藥師佛的慈悲、智慧及其殊勝的大願功德，然後將其大願功德及莊嚴身相、都明晰地烙印於自心中。

Bhaisajya-guru
藥師佛

藥師如來立像（ 京都　神護寺　像高 169.7cm ）

3.接著，想像從藥師佛的心中，放射出無盡無量的光明，光明注照著我們，將我們一切的障礙、煩惱、苦惱、迷惑、無知、無明都完全在淨琉璃的光明之中銷融了。頓時，我們的身體、語言、心意都清淨了，慈悲、智慧、福德自然地在我們心中，不斷的增長，我們就安住在無盡的淨琉璃光明之中。

4.接著，我們可以合掌稱念「南無藥師琉璃光如來」或是結手印持藥師咒，至少一百八遍以上，愈多愈好，平時在心中亦可默念誦持佛號，則可獲致藥師佛及其眷屬大眾的加持與佑護。

誦念《藥師琉璃光如來本願經》，若時間不足或單誦藥師佛大願，每日依法恭敬修持念誦。

Bhaisajya-guru

藥師佛

藥師曼陀羅

03藥師佛的眞言、種子字、三昧耶形與手印

眞言咒語

真言是由如來所宣說的真實密境，直顯如來身、語、意三密中的語密，並顯示如來的言語為真實契理，全無虛妄，所以稱之為真言。而真言能照破無明迷暗，使修行者能證得圓明清淨，所以稱為明或明咒。

又當誦持真言明咒，能使我們身心一如，能總攝無量的密義；而真言不管其字數多寡，皆能總持無盡教法義理，所以稱為陀羅尼。由持誦真言，能引發悲、智、神通及各種禪定三摩地，消除災患，所以真言又稱為咒或神咒。

真言在形式上可分為大咒、中咒及小咒等三種。大咒又稱為根本陀羅尼、根本咒或大心咒。是將本尊的內證本誓功德，加以詳細解明實說的真言陀羅尼。

而中咒又稱為心真言、心祕密咒或心咒。是實說根本陀羅尼心要的真心。這種真言是顯示這位本尊內證祕密境界的真實精要。

小咒又稱為隨心真言或心中心咒。這種真言乃是從本尊內證本誓的真言中，再提出核心的祕奧所成的真言。

除了佛菩薩的真言咒語外，一般我們也可誦持佛號，這也是所有本尊的根本真言。

當我們誦持真言時，最好能明解佛菩薩真言的義理，感受、

Bhaisajya-guru
藥師佛

藥師佛曼陀羅

體會佛菩薩的願力與悲智，那麼真言的力量自然會增強。

　　除了一般以口誦真言或心默念真言，以下我們介紹空海大師於《秘藏記》中的發聲念誦法，以此方法來誦持藥師佛真言，可以昇華我們的身心與修證境界。

　　在發聲念誦的方法上，我們要觀想自己的身內正中的中脈具有蓮花，而蓮花上有法螺，由此法螺來唱誦出真言。所謂中脈並不是我們身內真實存有的一條血肉的脈道，中脈是由於智慧的開啟，在法爾無實的境界中，於我們的身體上所顯現的中脈。

　　我們觀想蓮華、法螺的正確位置是位於海底輪，海底輪則是在身體正中央臍下四指處，從法螺發出藥師佛真言的音聲。如果法螺口朝上，如定海珠（右旋的海螺）一般聲音幽長，十分美妙。

　　法螺不斷地發出真言，如此發出的真言音聲會振動脈道，將中脈中的由無明煩惱所糾纏的脈結鬆開，我們中脈的心、氣、明點及脈結等都會全然轉為清淨，脈轉為柔軟，身體的各部份也全部都調和柔軟。

　　念誦咒語時，讀者可選擇以下梵音或是藏音的藥師咒來持誦，持誦咒語時，梵音藥師如來大咒、小咒可配合右側音檔QR Code（YouTube 搜尋：全佛文化藥師咒）來練習。

　　接著，我們開始利用此方法來念誦以下的藥師佛真言。

藥師如來大咒（梵音）

　　曩謨①　婆誐縛帝②　佩殺紫野③　虞嚕④　吠女哩也⑤

https://youtu.be/
ejKVmoy-oUk

Bhaisajya-guru

藥師佛

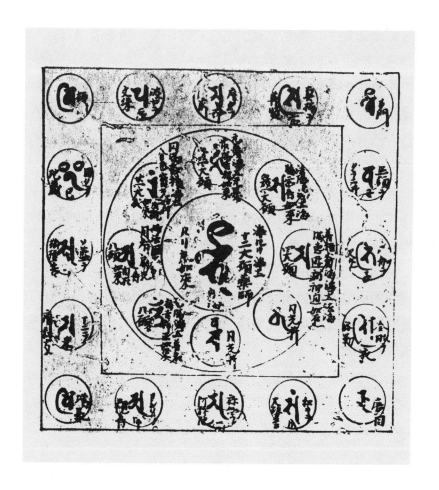

七佛藥師曼陀羅

鉢羅婆⑥　羅惹野⑦　怛他蘖多野⑧　羅喝帝⑨　三藐三沒馱野⑩　怛儞也多⑪　唵⑫　佩殺爾曵佩殺爾曵⑬　佩殺紫野三摩弩藥帝⑭　娑縛賀⑮

namo ①　bhagavate ②　bhaiṣajya ③　guru ④　vaiḍūrya ⑤ prabhā ⑥　rājāya ⑦　tathāgatāya ⑧　arhate ⑨　samyaksaṃbodh-āya ⑩　tadyathā ⑪　oṃ ⑫　bhaiṣajye-bhaiṣajye ⑬ bhaiṣajya samudgate ⑭　svāhā ⑮

歸命①　世尊②　藥③　師④　瑠璃⑤　光⑥　王⑦　如來⑧　應供⑨　正遍智⑩　所謂⑪　供養⑫　藥藥⑬　藥發生⑭成就⑮

小咒

那莫①　三滿多母馱南②　唵③　戶嚕戶嚕④　戰拏哩⑤麼蹬儗⑥　娑嚩賀⑦

namaḥ ①　samanta-buddhānāṁ ②　oṃ ③　huru huru ④ caṇḍari ⑤　matangi ⑥　svāhā ⑦

歸命①　普遍諸佛②　歸命③　速疾速疾④　暴惡相⑤　象

Bhaisajya-guru

藥師佛

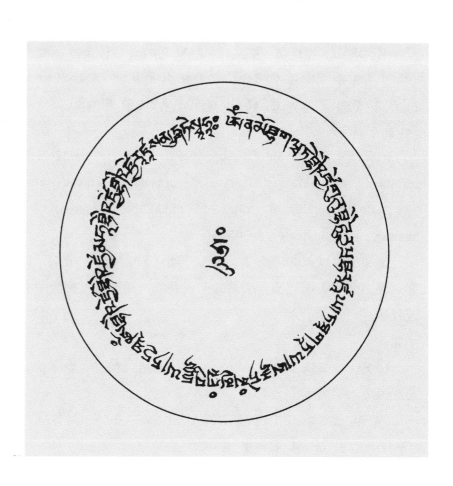

藥師佛咒輪

王（降伏之相）⑥　成就⑦

藏文藥師咒

　　嗲雅他　嗡　貝卡傑　貝卡傑　瑪哈貝卡傑

喇雜　沙穆恩　嘎喋　梭哈

ཨོཾ་བྷཻ་ཥ་ཛྱེ་བྷཻ་ཥ་ཛྱེ་མ་ཧཱ་བྷཻ་ཥ་ཛྱེ་རཱ་ཛཱ་ས་མུདྒ་ཏེ་སྭཱ་ཧཱ།

祈請禮讚：

ཕྱོགས་རྗེ་ཀུན་ལ་སྙོམས་པའི་བཅོམ་ལྡན་འདས།

突借棍拉紐貝炯滇爹
諸悲平等薄伽梵世尊

མཚན་ཙམ་ཐོས་པས་ངན་འགྲོའི་སྡུག་བསྔལ་སེལ།

稱展推貝恩卓杜雅瑟
僅聞其名即離惡趣苦

དུག་གསུམ་ནད་སེལ་སངས་རྒྱས་སྨན་གྱི་བླ།

杜孫涅瑟桑傑門吉拉
除滅三毒病疾藥師佛

བཻ་ཌཱུ་རྱ་ཡི་འོད་ལ་གསོལ་བ་འདེབས།

邊竹牙直偉拉格瓦爹

107

Bhaisajya-guru

藥師佛

藥師佛的種子字：唄（梵）

琉璃光如來前敬祈請

迴向：

དགེ་བ་འདི་ཡིས་མྱུར་དུ་བདག

給哇笛以紐杜答
以我所修諸善業

སངས་རྒྱས་སྨན་བླ་འགྲུབ་གྱུར་ནས།

桑傑面拉竹糾內
速證藥師佛陀位

འགྲོ་བ་གཅིག་ཀྱང་མ་ལུས་པ།

卓瓦吉江瑪呂巴
一切眾生盡無餘

དེ་ཡི་ས་ལ་འགོད་པར་ཤོག

貼以沙拉歸巴修
悉皆成就彼果位

種子字

　　種子字又稱為種字、種子。種子是借草木植物的種子，為比喻其內義，我們可以由植物來觀察，植物由種子生長出莖、葉及開花、結果。所以種子之中具足了全體的一切精華。也因此諸佛

Bhaisajya-guru
藥師佛

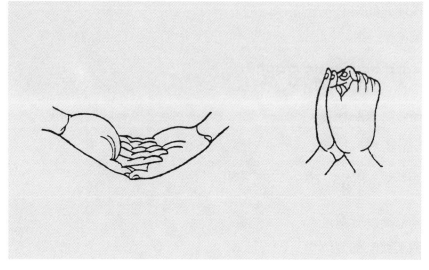

法界定印　　　　　　　　藥師印

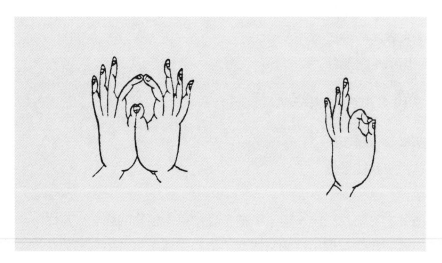

日光菩薩手印　　　　　　月光菩薩手印

菩薩的種子，也表示了具足諸佛菩薩的心要精華，將能在法界中，現起諸佛的無上菩提果。

法界世間的種種萬象，有其普遍的法性與特殊的緣起性。因此一切萬相的顯現，即是其特有的名稱。而諸佛菩薩的名稱、心要精華等透過彼等的示現，以單一的梵字顯示，這就是種子字。

除此之外，本尊大都有其核心精要的種子字，這種子字，也可做為真言誦持，或種子字前加上皈命語句，稱為「一字咒」。我們也可時常稱誦藥師佛的種子字。

藥師佛的種子字：唄 𑖥 (bhai)

藥師如來的手印

法界定印

藥師如來的印相，即置左掌於臍下，以右手疊置於左手上，二拇指指頭相接，為藥師如來之根本印。

其中，左手四指表示眾生之四大，右手四指表示佛界的四大（地、水、火、風）。眾生一切的疾病乃由四大不調而起，故以佛界的四大調和眾生界的四大，作為藥壺，而以二空（即拇指）表示召人眾生疾病之義；故此印又稱藥壺印。又以此印為法界定印，於掌中觀想藥壺。

藥師印

雙手內縛，兩食指並豎，手腕相距二至三寸，以兩拇指彎曲，交叉三次，內縛的左四指是眾生的四大，右四指乃佛界的四大，

Bhaisajya-guru
藥師佛

十二神總印

藥師佛的三昧耶形：藥壺、佛頂印

一切病障源自四大不調，故以佛界的四大當作眾生界的四大來調和之，以兩拇指來回的彎曲交叉，把眾生業、界四大的三病召入藥壺中，成為理、智、教的三藥；又內縛表月輪，二拇指為去二我，以此召請人法二空之義，名為藥師印。

日光菩薩手印

　　兩手食指尖及拇指尖相接，餘三指張開，如日輪放光狀。

月光菩薩手印

　　右手豎掌，大拇指與食指相捻，名執蓮華印。

十二神將總印

　　右手作拳，屈入指如鉤。

三昧耶形

　　三昧耶形是指密教諸尊手持的器物及手結的印契。又作三摩耶形，略稱為三形，是表示諸佛菩薩的本誓（因位的誓願）的形相。

　　三昧耶(samāyā)有平等、本誓、除障、驚覺四義，而諸尊所持的器物或印契皆具此四義，所以名為三昧耶形。

　　三昧耶形表諸尊的本誓，所以有時以此三昧形直接代表諸尊，或畫在曼荼羅上，則此稱三形曼荼羅，或稱三昧耶曼荼羅。

　　藥師佛的三昧耶形，是為藥壺或有說法為佛頂印。

Bhaisajya-guru
藥師佛

左手與願、右手施無畏的藥師如來造像

手持藥壺的藥師如來像

04 藥師佛的形像

　　關於藥師佛的形像，我們可以從藥師佛的相關經典中，找出藥師佛的各種造像。

㈠左手與願‧右手施無畏的藥師如來像

　　《覺禪鈔藥師卷》云：「理性房法眼賢覺云，中堂藥師立像，左手與願，右手施無畏。又勝定房阿闍梨口傳云，古京像右施無畏，左與願，不持壺。同釋迦。古所傳之造，未見本文云云。私云，中堂佛亦同西塔釋迦，是事可尋。」這是記載藥師形像未持物者。

㈡左掌持寶珠或藥壺的藥師如來像

　　藥師形象有持藥壺者和未持者二種。其中，有關持藥壺之事，良祐的《三昧流口傳》集卷上藥師事云：「藥師像持壺事，推量之或是珠。所以者何？義釋中佛的通常形象持寶珠云云。今藥師佛形象茶所指說。通常畫像，令佛形象捧寶珠，後人畫作壺形。」

　　這是屬於中國北魏及日本飛鳥時代的一般造法，法輪寺金堂安置之像是在須彌座上跌座，右手開而舉高，左手置膝上，水火二指稍屈，掌上持寶珠。又東京田中豐藏氏所藏的唐代寫經圖裡的繪像是舉左手，右手持寶珠。

　　澄豪《總持抄》第一「藥師法事」云：「佛部尊無持三形。

Bhaisajya-guru

藥師佛

持缽和錫杖的藥師佛造像

然世流布藥師三形（藥壺）之意何？答，持三形是奝然法師時始
令持之。故叡山根本中堂的藥師未持物，和卅室生寺的藥師立像
亦無持物。」這是說明藥壺與寶珠形像類似，以至後世因藥師的
稱號使之持藥壺。

　　《藥師如來念誦儀軌》（現藏稱是不空譯，但恐怕是後人的
撰集）說藥師形象：「中心安一藥師如來像。如來左手執藥器，
亦名無價珠。右手作結三界印，一著袈裟結跏趺坐，安蓮華台。
台下安十二神將，為八萬四千眷屬上首，又設蓮台。如來威光中
住日光、月光二菩薩。」

　　《圖像抄》第二藥師如來之條云：「世流布像有二樣，一為
揚右手垂左手，是東寺金堂幷南京藥師寺像。但以左足押右脛，
為坐像。二為左手持藥壺，以右手作施無畏，或右手水指曲之，
或火空相捻。」

(三)左手大寶琉璃藥師印的形像

　　又《淨琉璃淨土標》云：「藥師琉璃光如來通身淺碧色，寶
窟中百寶蓮華獅座上大空三昧。放無數光明，一一光中有無量分
身諸佛，悉大空三昧像。右臂揚掌，調手開葉，左臂安臍下勾小
指，號大寶琉璃藥，其地紺琉璃色，有塵數無量寶花樹。樹的華
葉形或有佛，放無量光明，名佛波羅蜜。」其中「調手開葉」是
指手指全張開的意思。

(四)持缽和錫杖的藥師佛

　　又《圖像抄》云：「唐本有持缽錫杖者，或左手持缽，其缽

Bhaisajya-guru

藥師佛

持藥壺的藥師佛造像

十二角。右手作施無畏云云。」此與藏傳阿旺札什譯的《修藥師儀軌布壇法》云：「東北隅藥師琉璃光王如來藍色，右手施願印，持阿嚕喇菓（即訶子）左手正定印，上安缽盂。」有一致之處。且缽盂亦有通於藥壺者。

此外，還有手結定印與手結說法印的藥師佛。

又《別尊雜記》及《覺禪鈔》中有藥師如來與八大菩薩的圖像，其中央繪出藥師如來，其右邊圍繞檀花、文殊、藥上、勢至；左邊圍繞寶無盡意、彌勒、藥王、觀音八大菩薩。

《覺禪鈔》又在第一圖畫出米來寺中尊藥師、觀音、勢至三尊像。其他，如高山寺、神護寺、上醍醐藥師堂、法界寺、法隆寺西圓堂、唐招提寺等，也都保存有古像。今被指定為日本國寶者尚有數十百種。

Bhaisajya-guru

藥師佛

藥師三尊

05 如何往生藥師琉璃淨土

　　在我們未來壽盡之時，想要往生琉璃淨土，或是我們的親人、眷屬、朋友等壽終之時，我們要幫助他們往生琉璃淨土，都必需對琉璃淨土的教主——藥師如來的體性有所了解，並對藥師如來完全的皈信，如此才能建立往生淨土最根本的清淨因緣。

　　我們對藥師如來要有深刻的信仰；必需知道他是圓滿一切眾生世間、出世間成就的如來。

　　在世間法上，藥師佛能使眾生消災延壽，成就一切世間利益，使一切世間成就圓滿。而在出世間上，藥師佛能幫助眾生成就慈悲智慧，圓滿成佛，所以說藥師琉璃光如來可以說是成就世出世間的大寶王。

　　有了這樣的了悟後，我們才能決定皈信身如琉璃光明的藥師琉璃光如來。藥師佛的身相光明通透，宛如清淨的琉璃般光明，宛轉遍照一切。

　　對諸佛的淨信，我們除了從果地看之外，也要從其因緣上的成就來了悟。藥師佛是依十二願滿而成佛的。

　　藥師佛的十二大願是成就東方琉璃世界的主體，所以，如果我們未來（或幫助他人）要往生到藥師淨土時，我們必須先深刻地了悟這十二大願並力行之，才能快速順利地往生此淨土。

　　以下依據藥師佛的十二大願的內容，再加以深刻地闡揚，並

Bhaisajya-guru
藥師佛

敦煌壁畫：藥師淨土變相圖（第 400 窟）

鼓勵自己與幫助他人，深下決心，決信今生能修持成就，往生琉璃淨土。

第一大願：願我來世得阿耨多羅三藐三菩提時，自身光明熾熱，照耀無量無數無邊世界，以三十二大丈夫相、八十隨好，莊嚴其身，令一切有情如我無異。

這個願是相應於眾生成就的願。藥師佛要我們和他一樣，得阿耨多羅三藐三菩提，成佛無異。

所以我們應時時祈求藥師佛，使我們成就藥師佛，與藥師佛無異，而合掌發願；「藥師佛現已證得阿耨多羅三藐三菩提，自身光明熾然，照耀無量無數無邊世界，以三十二大丈夫相八十隨好莊嚴其身，令我如藥師佛無異。」

在這樣的發願中，我們就參與藥師佛的廣大願海，也就是加入《藥師經》的世界了！在此時，我們確信自己以及他人，與藥師佛的體性是無二無別的，所以必定能往生藥師淨土。

第二大願：願我來世得菩提時，身如琉璃，內外明徹，淨無瑕穢；光明廣大，功德巍巍，身善安住；焰網莊嚴，過於日月，幽冥眾生，悉蒙開曉，隨意所趣，**作諸事業**。

我們同時也可以合掌稱誦，同時發願：「藥師如來，已現證得菩提，也加持我等現證成證藥師佛，藥師佛身如琉璃、內外明徹、淨無瑕穢，光明廣大功德巍巍、身善安住、焰網莊嚴過於日月，幽冥眾生悉蒙開曉，隨意聽趣作諸事業。南無藥師琉璃光如來。」

Bhaisajya-guru

藥師佛

敦煌壁畫：藥師淨土變相圖（第 433 窟）

　　第二大願：藥師佛成佛了，我們也成佛了，我們與藥師佛同樣身如琉璃、內外明徹、淨無瑕穢。而且「隨意所趣作諸事業」，修持藥師佛者就是代藥師佛在人間成就藥師佛的事業。如此隨順藥師佛的大願來行事，我們更會感受到藥師佛的悲心與其威神力的加持。

　　第三大願：願我來世得菩提時，以無量無邊智慧方便，令諸有情皆得無盡，所受用物，莫令眾生有所乏少。

　　這一大願是發願：在一切行業中的大作為者來濟度眾生，以無量無邊智慧方便，使一切有情資生器具不再缺乏短少，這是我們在現世的大事業成就。此中的一切發願是清淨、無染著的，從大悲心出發，不單只是祈求藥師佛保佑個人獲利，更進而利益無邊的有情眾生。

　　第四大願：願我來世得菩提時，若諸有情行邪道者，悉令安住菩提道中；若行聲聞獨覺乘者，皆以大乘而安立之。

　　這是就法上而言。眾生行邪道，我們應使其安住在菩提道；若有眾生行聲聞、獨覺二乘道，我們皆以大乘道來安立之。

　　第五大願：願我來世得菩提時，若有無量無邊有情，於我法中修行梵行，一切皆令得不缺戒，具三聚戒；設有毀犯，聞我名已，還得清淨，不墮惡趣。

　　這是要使我們的戒行清淨圓滿。

　　佛法的戒律，有從三皈依、五戒、八關齋戒等在家戒法，到沙彌、沙彌尼、比丘、比丘尼等聲聞戒法，乃至菩薩戒法等。

Bhaisajya-guru

藥師佛

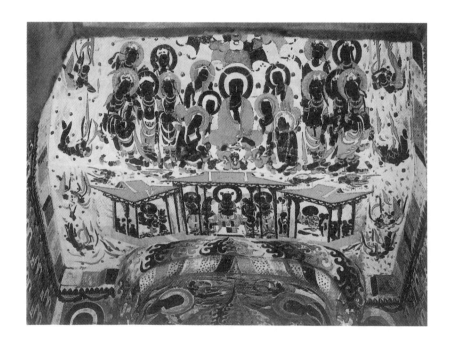

敦煌壁畫：藥師淨土變相圖（第 433 窟）

　　佛教中一切戒法皆是以三皈依為中心。學佛並非只是信佛而已，而是將自己投入生命真理之流，與諸聖者同等解脫的。境界實際上，三皈依是皈依三寶，並不是只皈依某一位個人，有些人常說：「我皈依某一位師父」，這好像表示他只是皈依那位師父而已，這樣的講法實在過於狹隘，與佛陀本意並不相合。

　　我們要了解：皈依的師父可以說是引導我們皈依三寶的引導人，並不是三寶的全體。這就好像我們到大學就讀，首先我們跟某一位教職員註冊，此時我們卻不能說：「我是到那個教職員處就讀」，這樣的道理應是清楚明白的。

　　皈依三寶不只是在形式的皈依儀式，更重要的是我們心念的問題。當我們皈依之後，在心念上應時時皈依，最後要達到念念皈依，整個生命投入真理之流。以這個立場而言，我們不只可以在寺院依止出家師父皈依，也可日日在佛前自授皈依，只要誠心合掌恭念三次「皈依佛，皈依法，皈依僧」依然是已經皈依三寶。

　　皈依佛，就是皈依圓滿的大覺悟者，大覺悟者是悲智圓滿的聖者，是我們生命的導師；我們皈依佛，即是期望在他的導引下，同樣圓滿成佛。

　　皈依法，就是皈依正覺的真理，諸佛依法成佛，我們皈依法就是投入佛法正覺的大流，直渡生死，達到圓滿的佛境。

　　皈依僧，就是皈依修學正覺真理的團體，僧是指僧眾，是三寶所顯示的外在形現，並不是某一個個人。我們皈依僧就是投入這個修學正覺真理的團體，向他們學習，最後達到圓滿。

Bhaisajya-guru
藥師佛

敦煌壁畫：藥師淨土變相圖部分（第 394 窟）

皈依三寶後，我們便進入佛法之門。一般在家人會修學五戒及至十善，來防制自己墮入惡道，安處人、天善道。五戒、十善是保護我們在世間法之中，不墜入惡處的基本行為規範，五戒是止惡，而十善是揚善，都能使我們獲得世間的良善果報。

第六大願：願我來世得菩提時，若諸有情有身下劣、諸根不具、醜陋、頑愚、盲聾、瘖瘂、攣躄、背僂、白癩、癲狂種種病苦；聞我名已，一切得端正黠慧，諸根完具，無諸疾苦。

相傳中國清代玉琳國師，前世也是出家人，但是諸根不具，醜陋頑愚，結緣施主見其相貌嗤笑譏刺，後來玉琳法師聽聞受持藥師第六大願能六根完具、身心健美，遂受持奉行此法門，後轉世即得玉琳身，智慧殊勝，諸根聰利，相貌端嚴。我們若能如是發願，弘法利生，亦可成就如是勝報。

為什麼藥師佛會發起此願呢？因為婆娑世界的眾生，勝劣不等，高下參差，如果處在大庭廣眾之間，身高貌勝者不免以此驕人，但下劣者則相形見絀，產生煩惱，因而特別發起此願。身根是指眼、耳、鼻、舌等四根，如果缺了一者，就不完善具足，所以會產生身醜陋的問題。

頑愚是指意根衰弱，心性魯鈍，冥頑不靈。盲為眼根不具足；聾為耳根不具足。有的是具耳根而不聞，有的是連耳根也沒有。瘖為喉舌不充，發音不亮；至於瘂則不能聲響，舌根全壞，瘖瘂是舌根不具之意。但瘖亦關係於鼻根，如鼻瘖則發音不明等。

攣，拘曲意，兩手攣曲不直。躄，兩足俱廢。背僂，即身駝

Bhaisajya-guru
藥師佛

敦煌壁畫：藥師淨土變相圖（第 220 窟）

不直。白癩,即痲瘋;疥癩為小瘡,而白癩病則壞及諸根,以上乃為身病。顛狂,為精神病;狂,即狂亂,神經反常,舉動失檢。

藥師佛願聞其名者,一切皆得端正黠慧,諸根完具,無諸疾苦。端正者,諸根完具。黠慧者,黠、為靈巧,慧、乃聰明;聰明黠巧,依此藥師佛果本誓之力,其土眾生正報莊嚴。

第七大願:願我來世得菩提時,若諸有情眾病逼切,無救、無歸、無醫、無藥、無親、無家,貧窮多苦;我之名號一經其耳,眾病悉除,身心安樂,家屬資具悉皆豐足,乃至證得無上菩提。

第八大願:願我來世得菩提時,若有女人為女百惡之所逼惱,極生厭離,願捨女身;聞我名已,一切皆得轉女成男,具丈夫相乃至證得無上菩提。

與藥師佛的名號特別有緣的是這第六、第七及第八大願。

在第六、第七、第八大願,藥師佛確實可於現世中來幫助我們,我們依止藥師佛偉大願力來憶持藥師名號,同時要了知這一切是依如幻現起的境界來說的。

修持藥師法的我們,不應執著永遠期望藥師佛來濟度自身,所以要努力使自身成為藥師佛,更進一步使每個人都成為藥師佛,成為救濟者。如此認知之後,就不會只是停留在信仰藥師佛,如此才會產生力量,具足更廣大的力量與作用。

第九大願:願我來世得菩提時,令諸有情出魔羂網,解脫一切外道纏縛;若墮種種惡見稠林,皆當引攝置於正見,漸令修習諸菩薩行,速證無上正等菩提。

Bhaisajya-guru
藥師佛

敦煌壁畫：藥師淨土變相圖部分（第 220 窟）

　　許多人為了藥師佛的第九、十、十一、十二大願而修習藥師法，因其成就的是現世的因緣。

　　就現世的努力而言，我們要盡量讓藥師佛的名號經歷耳根，時常聽聞藥師佛的名號。然而，除此之外面對自身的困境，更要盡人事、盡我們所有的努力，譬如有病就去看醫生治療，將醫師視為藥師佛的化現；貧窮則努力奮鬥；要捨女身則此世不斷修藥師佛法門。轉女成男只是反應當時印度女人是男人附屬品的時代狀況，在女權高漲的現代，女性的選擇恐怕也有所不同。

　　如此，先盡人事之後，再祈求藥師佛來增長我們的力量，這才是正道。猶如前面宣講的藥師佛第一大願、第二大願，是祈請藥師佛加持我們，使我們具足藥師佛的力量來行藥師佛大願，而非永遠是個仰望別人來救度而已。

　　第九大願是讓我們得以自魔的見解羂網中解脫出來，出脫一切外道纏縛及惡見，使我們安住於正見中，修習菩薩行。

　　第十大願：願我來世得菩提時，若諸有情王法所錄、繩縛鞭撻、繫閉牢獄、或當刑戮，及餘無量災難凌辱悲愁煎迫，身心，受苦；若聞我名，以我福德威神力故，皆得解脫一切憂苦。

　　由於藥師佛的第十大願，無論我們的身心處於多艱困的處境，都得以解脫一切憂苦，但這並不是表示我們犯了罪可以不受法律制裁；而是思維若是身處牢獄之中，身心悲愁煎迫之時，得聞藥師佛的名號，因佛力加被，所解脫身心的一切憂戚苦惱。

　　這個大願也是解決現世的苦痛。第十一、十二大願亦然。

Bhaisajya-guru
藥師佛

敦煌壁畫：藥師淨土變相圖（第 148 窟）

　　第十一大願：願我來世得菩提時，若諸有情饑渴所惱，為求食故造諸惡業；得聞我名，專念受持，我當先以上妙飲食飽足其身，後以法味畢竟安樂而建立之。

　　第十二大願：願我來世得菩提時，若諸有情貧無衣服，蚊虻、寒熱、晝夜逼惱；若聞我名，專念受持，如其所好即得種種上妙衣服，亦得一切寶莊嚴具，華鬘、塗香、樂鼓、眾伎，隨心所翫，皆令滿足。

　　藥師佛在因地時，發起甚深十二大願。若能更深刻地了悟這十二大願，真實圓滿十二願時，也是一切眾生成佛之時。所以我們知道：眾生未成佛前，藥師琉璃光如來是決定不涅槃的，除非一切眾生都圓滿成佛。

藥師淨土 —— 琉璃世界的特質

　　我們體解藥師琉璃光如來十二大願之後，還要了悟琉璃世界的種種清淨、其國土的特質，與我們的期望相應，生起決定往生的信心，使我們的往生產生決定的力量。

　　琉璃世界是完全清淨的，不只是藥師佛通體明透，整個琉璃世界亦是猶如監寶石般具足光明的體性，是極清淨的世界，與我們人間婆娑世界的雜染不同。而這清淨世界是依琉璃光如來的本願所成，從法性中具足大力所成，從法性中所發出的等流光明，如同法性一般清淨，在緣起中自然出生的世界。

　　我們對藥師琉璃光如來生起決定的信心後，對琉璃世界也要

Bhaisajya-guru
藥師佛

敦煌壁畫：藥師淨土變相圖部分（第148窟）

生起決定的信心，自然而然能夠生起決定往生琉璃淨土的心。

有了這往生琉璃世界的心念後，進而每一個念頭，相續不斷地決定往生琉璃世界，念念決定往生，漸漸地，不必再作意，我們的一切所行所願都自然而然往琉璃世界而行。

這種情形就如同我們在藥師琉璃世界中開了一個銀行戶頭，一切所行、所成就的資糧，隨時隨地存入那個帳戶中，隨著自身精進的程度，不斷增加往生的資糧。

之後，我們深信藥師如來大醫王能滅除我們一切的災難、障礙，破除一切使我們不能安住菩提道的事情。對一個菩薩行者而言，什麼是魔障，什麼是災難？不只是世間的病痛，也不只是生活上的困苦、或者不能適應的食衣住行等各種不如意的事情，而是連退轉的心、執著修行等都是障礙。所有不能如實從菩提心中出生的一切，都是障礙，只要是阻礙我們往生琉璃淨土的心之事都是障礙，這些身心的障礙，大醫王藥師佛都能為我們消除。

《藥師經》中提及：稱名藥師佛能滅除障礙，具足無量無邊功德，使我們身心安樂，圓證菩提。

有了深信之後，還要生起大願。我們要願生淨琉璃世界，要具足信不退、願不退、行不退，才能自然安住在淨土。其中決定願生淨琉璃世界是最根本的願。

在淨琉璃世界中，我們和彼土的賢聖眾相會，在琉璃世界的上首菩薩是日光遍照菩薩和月光遍照菩薩，我們要與這些諸上善人共聚一處。

Bhaisajya-guru
藥師佛

敦煌壁畫：藥師淨土變相（第 112 窟）

　　我們若要依皈某一佛菩薩，就要隨順彼佛或菩薩的本願發心，這才是最深的信仰。隨順其本願發心之後，還要能助其圓滿本願，如同一切菩薩所發的莊嚴淨土願一般──這是使一切諸佛歡喜的首要心法。

　　同樣的，我們也要幫助藥師佛圓滿其十二大願，除此之外，我們要了解如果他的十二大願沒有圓滿，藥師佛是不住涅槃的。

　　除此之外，我們也要親證藥師佛的境界──藥師佛證得無量無邊清淨光明，自身通透、清涼，具足光明清淨，無有瑕穢。我們也希望能證得這樣的清淨境界。

　　接著，我們要更堅固地隨順如來發起大願。除了隨順發起藥師琉璃光如來的十二大願之外，也要隨順自己的生活因緣發起更廣大的願，十二大願是藥師行人的根本願，然後再加以擴大。在《藥師七佛經》中，我們可以發現：諸佛發願也是愈來愈廣大，本來是四願，後來增為八願，最後是十二大願。

　　藥師琉璃光如來的事業就是我們的事業，我們要發心隨順藥師琉璃光如來。如同進入琉璃淨土中，從小地方做起，一步一步地做，不斷地擴大。雖然現在仍在娑婆世界，還未往生，但心中要認定自己經住於藥師的琉璃淨土，現在是藥師佛在娑婆世界的使者來救度眾生。

　　我們希望能如同藥師佛般具足無量方便，救度一切眾生。隨侍藥師佛到圓滿，如同從藥師琉璃光如來圓滿清淨成就中出生一般。

Bhaisajya-guru

藥師佛

敦煌壁畫：藥師淨土變相部分（第 237 窟）

　　琉璃世界是由大悲所成，因為藥師佛發起濟助一切眾生的大願，使其成就世出世間的圓滿，從大悲中出生大願，從大願中出生大智。我們安住在大悲的體性中發起甚深的藥師願，自然法爾地出生，在藥師淨土中，這是因緣如實，果如實的道理。

　　我們憶念藥師佛，憶念藥師佛的法、報、化三身，憶念藥師佛清淨無染的法性，憶念藥師佛具足大悲、大智、大願、大光明、十力、四無畏、三十二相八十種好，乃至無量相好，光明清淨的正報、依報，其淨土具足一切無量聖眾，化現無量幻化身來教化我們。

　　如此一心憶念藥師佛的法、報、化三身，一心憶念藥師佛土，這是藥師淨土行的根本。如果我們心心都憶念藥師佛，安住在藥師佛的體性當中，念念自然法爾自生，藥師琉璃光如來自然威神力加持於我們，使我等具足藥師佛的光明。

　　如此，雖然我們目前是在婆娑世界行道，但在藥師佛的加持下，也猶如在琉璃世界一般。

　　我們不只要安住在藥師佛的體性上，還要生起作用，具足藥師佛的加持光明之後，也要一心隨順藥師如來的勝行，要能決定信、決定願、決定行。隨順藥師如來不可思議的勝行、不可思議的誓願──使眾生現前成就，這是藥師第一大願所成就的。所以現觀一切眾生成就藥師佛，隨順藥師佛心行。

　　若能隨順藥師佛，那麼我們自然而然知道自身是決定現生藥師琉璃淨土。隨順藥師佛，不只要外成就藥師佛的事業，也要內

Bhaisajya-guru

藥師佛

敦煌壁畫：藥師淨土變相部分（第 237 窟）

成就藥師佛的事業——大悲、大智，一切藥師佛不可思議清淨法性。而此自性藥師佛的事業，就是我們自心中大悲的示現，心心隨念成就藥師外、內事業。

除了內修藥師佛行，我們還要外顯藥師佛的廣大威力。藥師佛是大醫王，醫療世間與出世間的眾病，醫療眾生的心病、身病，一切四大眾病，一切魔障眾病，醫療我們不肯發心的病，小乘病、智慧和悲心不足的病。

藥師琉璃光如來有廣大不可思議的威德，能使一切眾病現前消滅，而且能降伏一切諸魔。所以一切魔擾只要聽聞藥師佛的名號就會消失，這是其外顯的威德，我們要隨順而行。

了悟藥師琉璃光如來緣起甚深的方便，希望自身能具足如佛廣大不可思議的威力，永心皈命吉祥不可思議的藥王佛，這就是成就往生淨琉璃世界的妙行。

有了決定信、決定願、決定行之後，要決定了悟藥師佛土的境界。這要有決定的智慧。

我們的修行智慧要以當下現觀開始，因為要了悟、開悟都是當下這一念開始的。從體性現觀現空開始。只要我們現觀就會發現當下即如幻，當下是現空，當下即是宇宙的無始無明。

以這一念的開悟含攝過去、現在、未來三世時空的如幻，所以這初始如幻是我們法身現起，從如來藏中現起大法身的當下，破除時空，同時也是回歸到如幻世間的清淨法身之始。

我們如果能了悟體性現前空寂，初始如幻廣大不可思議的因

Bhaisajya-guru

藥師佛

敦煌壁畫：藥師淨土變相部分（第237窟）

緣，那麼大悲威力圓滿之時即是方便具足的初始因緣，如此才能智悲雙運。

但這大悲如幻、大悲方便的境界，我們要了悟其體性仍是法爾本然。雖救度無量眾生，實無眾生可度，亦無眾生可得。若常住在常寂光、體性寂滅的境界中，了悟眾生的祕密法性大悲，了知眾生的大慈悲力，這才是真正見到藥師佛。

藥師佛從未離開我們，隨時如幻的出現，不遠離我們的大悲方便而法爾常住，所以我們只有在這樣的境界中才能真正親見祕密佛、藥師佛。

有了這樣的體悟，所以能決定總持琉璃淨土，因為心本然具足，現前清淨，所以我們的心就是藥師佛，我們的心念是清淨澄明的，與東方藥師佛相應相照，決定總持不退，能在法性中如實出生於清淨世界之中。

了悟體性中的藥師佛之後，就能如實隨順在藥師佛前隨侍，就能到東方淨琉璃世界永遠侍奉藥師佛，也如同藥師琉璃光如來一般發起大願、圓滿一切眾生成就藥師佛。

如此，具足緣起的廣大伏魔大威力，這個力量是來自希望一切眾生安住在安樂、破除一切苦惱的願力。我們住於藥師佛的大恩慈海中，等同寂滅法性，匯入清淨琉璃光中。

Bhaisajya-guru
藥師佛

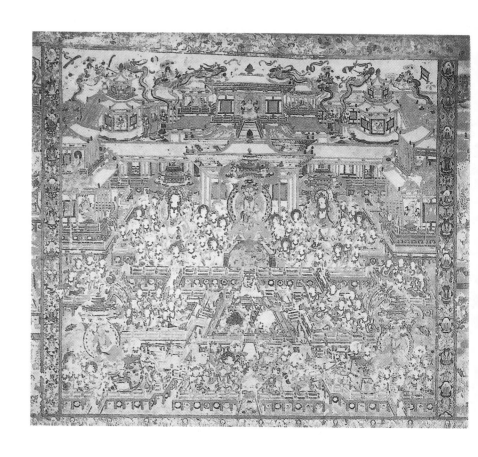

敦煌壁畫：藥師淨土變相（第 85 窟）

06 往生琉璃淨土的檢證表

此表請自行於生活中時時檢證，有實踐者可打「○」，若無實踐者可打「×」。

（　　）清晨覺醒時，覺起一念即為藥師佛否？

（　　）檢討自己，是否有決定往生琉璃淨土的願心？

（　　）是否能夠當下一念決定往生琉璃淨土？

（　　）生起對藥師佛的無上信心，不只心心憶念，更能深信其大悲心切，護念於我，念念念我，並決定攝受吾等往生其國土否？

（　　）能了知法界現前性空如幻，藥師佛與其淨土皆同住於法界體性光明之中否？

（　　）在藥師佛與其淨土的現前加持下，我們是否能現觀：往生淨土之前，即現前安住在如幻的琉璃淨土中？

（　　）能了知婆娑世界一切眾生，及與我相處的家人、親友、同事，在體性中與琉璃淨土聖眾不一不異否？

（　　）能由如幻的現觀中，使我們所生活的世界成為宛如琉璃淨土否？

（　　）能現觀我們週遭的一切眾生成為琉璃淨土賢聖眾否？

（　　）在行、住、坐、臥、動作及語言時，都能相繼不斷憶念藥師佛否？

Bhaisajya-guru
藥師佛

敦煌壁畫：藥師淨土變相（第12窟）

（　）一切歷緣對事，都能以所憶念藥師佛的心念來善觀一切，是心是佛，是心作佛，完全與其一如否？

（　）面對色、聲、香、味、觸、法六種塵境，都能現觀為淨土的空色、法音、妙香、勝味、淨觸、正法否？

（　）面對六塵而生起的見、聞、嗅、味、身觸、意念等六種覺受，能生起宛如身在琉璃淨土的微妙清淨覺受否？

（　）身心能恆常安住於淨琉璃淨土之中，並將一切所行功德資糧迴向於往生琉璃淨土否？

日常生活中，如果遇事需思惟處理時，是否觀想思惟：

（　）在琉璃淨土中此事當如何處理？

（　）藥師佛會如何處理這種情形？

（　）恆常書寫、供養、布施、諦聽、閱讀、受持、廣說、諷誦、思惟、修習琉璃淨土的相關經典否？

（　）除個人相續修持之外，是否常與大眾共同修持？

（　）是否將一切所行會歸藥師佛的廣大悲願，如其發起菩提勝願，所行功德一心圓滿迴向其大願？

睡覺之前應當檢點自己：

（　）深信藥師佛否？

（　）決定往生藥師淨土否？

（　）是否念念憶起藥師佛？

（　）是否能了悟體性現空如幻，能一念往生琉璃淨土、與藥師佛體性本然不二？

Bhaisajya-guru
藥師佛

藥師三尊 十二神將

（　）睡前一念檢點憶念之心有忘失否？

（　）**往生淨土決定，決志夢中安住琉璃淨土否？**

（　）夢中知夢否？夢中做主否？

（　）夢中能現生琉璃淨土否？

（　）夢中能自然憶念藥師佛否？

（　）惡夢之時能安住法爾體性成證夢幻光明，現住琉璃淨土否？

（　）惡夢現前之時，能自在憶念藥師佛否？

（　）能將惡境轉成琉璃淨土否？

（　）能將一切眾生轉成琉璃淨土聖眾否？

（　）能了悟夢中所顯一切為法爾本然，融為法性一味否？

（　）能時時了悟是心是佛，是心作佛的勝義觀法，依止佛菩薩
　　　的大勝行；圓滿往生琉璃淨土的大願，並使一切世界成為
　　　清淨莊嚴的藥師淨土，最後圓證琉璃藥師佛果德否？

Bhaisajya-guru
藥師佛

藥師如來坐像（ 金剛峯寺 ）

第二章　藥師佛的信仰

01 藥師信仰的淵源

　　藥師佛的經典在中國翻譯之後，於是藥師信仰在中國逐漸開展興盛。同時，早期中韓、中日佛教文化交往密切，很快地藥師信仰也在韓日兩國逐漸地蓬勃。

　　關於藥師信仰的源流與形成，諸家的說法不一，根據林玉珉於其論文「敦煌經變研究」中各種說法分述如下：木村泰賢根據諸佛本願思想的研究指出，藥師佛乃東方歡喜國主阿閦佛的變體。

　　梭柏氏(Alexander Soper)則認為藥師信仰的產生是受到了中東伊朗和地中海地區醫神信仰的影響，而藥師如來信仰實自藥王菩薩的信仰演化而生。

　　柏恩包姆氏(Raoul Birnbaum)雖然同意梭柏氏的部分看法，認為藥師如來的信仰是由早期藥王菩薩信仰發展而來，不過，他提到藥師如來救濟世間疾苦的觀念，在早期的原始佛教和部派佛教中即已存在，巴利經典就多次提及釋迦佛為大醫王，以法藥為大眾治病。所以，藥師信仰的產生不一定是受到了外來文化的影響。

02 中國的藥師信仰

　　在中國藥師佛的信仰是廣為流行且重的，在大正版「大藏經」內收錄的藥師經典共計十六部之多，它們的譯撰者與經名如下：

　　1.《灌頂經卷十二：佛說灌頂拔除過罪生死得度經》　東晉帛尸梨蜜多羅譯

　　2.《佛說藥師如來本願經》　隋代　達摩笈多譯

　　3.《藥師琉璃光如來本願功德經》　唐代　玄奘譯

　　4.《藥師琉璃光七佛本願功德經》　唐代　義淨譯

　　5.《藥師琉璃光如來消災除難念誦儀軌》　唐代　一行撰

　　6.《藥師如來觀行儀軌法》　唐代　金剛智譯

　　7.《藥師如來念誦儀軌》　唐代　不空譯（NO.924A）

　　8.《藥師如來念誦儀軌》　唐代　不空譯（NO.924B）

　　9.《藥師儀軌一具》　失譯者

　　10.《藥師琉璃光王七佛本願功德經念誦儀軌》　元代　沙囉巴譯

　　11.《藥師琉璃光王七佛本願功德經念誦儀軌供養法》　元代沙囉巴譯

　　12.《藥師七佛供養儀軌如意王經》　清代　工布查布譯

　　13.《修藥師儀軌布壇法》　清代　阿旺扎什補譯

14.《淨琉璃淨土摽》　失譯者（NO.2766）

15.《藥師經疏》　失譯者（NO.2767）

　　除此之外，我國現存最古的佛教經錄～梁僧祐編著的《出三藏記集》～還記載著兩部藥師經典，它們均未被《大藏經》收錄。這兩部經典是：

　　⑴《灌頂經》一卷，此經又名《藥師琉璃光經》或《灌頂拔除過罪生死得度經》。根據僧祐的看法，此經是大明元年（四五七）慧簡（又稱惠簡）依經抄撰的，所以他將這部經典列為疑經偽撰。

　　⑵《七層燈五色幡放生記》，此經原出《灌頂經》，然而歷代對慧簡《灌頂經》的爭議很多。而《大藏經》收錄的《灌頂經》第十二卷是否真為帛尸梨蜜多羅所譯，仍有不少疑異之處。我國早期藥師信仰的資料甚少，《十二硯齋金石過眼續錄》卷四言：

　　「太康六年，（二八五）八月十六日，東作使張揚刺生得小男，□師留此上，禱藥師佛，願已過父母、見在眷屬、法界有情，生生見佛，世世聞法，道心堅固，乃至菩提。」

此為林玉珉所發現最早的一條中國藥師信仰的記載，在現存的考古遺物裡，發現所知的兩件最早的藥師佛像，它們的製作年代均比張揚刺造像晚了兩百年左右。

　　這兩件作品是雲岡十一窟西壁上層小龕內的一尊禪定坐佛和龍門古陽洞南壁一龕孝昌元年（五二五）的三尊像。

　　前者像下的造像銘文有「造藥師琉璃光佛一區」的記載。後

Bhaisajya-guru

藥師佛

者的造像記則提到此三尊像分別為彌勒、觀音和藥師。它們的製作年代皆在大明元年以後，由此可知慧簡翻譯的《灌頂經》對我國藥師信仰的發展影響甚鉅。

自慧簡譯出《灌頂經》後，我國歷代皆有藥師經典的翻譯，可見，藥師信仰深受國人重視。

印順法師在《淨土新論》中言及：

「關於藥師佛，與密部有關係，先見於密部的《灌頂神咒經》。……後來譯出的《藥師經》……是早期的雜密（也稱事部）。在初期的大乘經中，是沒有他底地位的。此經譯到中國來，對於藥師佛的東方世界，中國人有一特殊意識，即東方是象徵生長的地方，是代表生機的，故演變為現實間的消災延壽。……這樣，東方藥師佛，成了現生的消災延壽。」

的確，消災延壽是藥師信仰在我國流行的一大要素。陳文帝於〈藥師齋懺文〉亦言：

「藥師如來有大誓願，接引萬物，救護眾生，導諸有之百川，歸法流之一味，亦能施與花林隨從世俗，**使得安樂令無怖畏**。至如八難九橫五濁三災，水火盜賊疾疫飢饉，怨家債主王法縣官，憑陵之勢萬端，虔殺之法千變，悉能轉禍為福，改危成安。復有求富貴，須祿位，延壽命，多子息，生民之大欲，世間之切要，莫不隨心應念，自然滿足。」

而且唐中宗與元世祖，都還曾為解除厄難消弭災禍下詔高僧翻譯藥師經典。

　　而且在很多的文獻記載中，有為除去疾病而抄寫《藥師經》者，有因書寫《藥師經》而延壽者，有因讀《藥師經》而使親人病癒者，有因受持《藥師經》、造藥師像，而免除罪難者，有為求得福祿吉祥，或延壽命，而作藥師像者，有因造藥師像而延長壽者，有供養藥師佛像而得致福壽者。總之，藥師如來能夠利益現實人生，治病延壽，解除危難，實是藥師信仰廣大流傳的一大特色。

03 修持藥師佛的感應篇

　　為了讓我們更增加修持藥師佛法門的信心，我們看看以下幾則古德修持的感應事蹟。

㈠藥師道場的瑞應（摘自「宋高僧傳」）

　　釋元皎，靈武人也。有志操，與眾不群，以持明為己務。天寶末，玄宗幸蜀，肅皇於靈武訓兵，計剋復京師，為物議攸同，請帝即位，改元至德。及二年，返轅指扶風，帝素憑釋氏，擇清尚僧首途，若祓除然。

　　北土西河所推，皎應其選，召入受勑旨，隨駕仗內赴京，尋勑令皎向前發至於鳳翔，於開元寺置御藥師道場，更擇三七僧六時行道，然燈歌唄，讚念持經，無敢言疲，精潔可量也。

　　忽於法會內生一叢李樹，有四十九莖。具事奏聞，宣內使驗實，帝大驚喜曰：「此大瑞應。」

　　四月十八日，檢校御藥師道場念誦，僧元皎等表賀，答勑曰：「瑞李繁滋，國之興兆。生在伽藍之內，足知覺樹之榮。感此殊祥，與師同慶。」皎之持誦功能通感率多此類。加署，內供奉焉。

　　本文是唐朝元皎奉令至鳳翔府、開元寺設置藥師道場，並選擇僧侶燃燈、誦念持經，而感得法會內生長一有四十九莖的李樹

瑞應。

㈡讀藥師經使盲者得視（摘自《法苑珠林》）

後周時有張元字孝始，河北萬城人也，年甫十六，其祖喪明。三年元常憂泣，晝夜經行以祈福祐，復讀《藥師經》云：「盲者得視之言。」遂請七僧然七燈，七日七夜轉讀藥師經。

每日行道勞人師乎，元爲孫不孝，使祖喪明，今以燈光普施法界，祖目見明，元求代闇。

如此殷勤經於七日，其夜夢見有一老翁，以一金箆療其祖目，謂元之曰：「勿憂悲也，三日已後祖目必差。」

元於夢中喜踊無伸，遂即驚覺，乃更遍告家人小大，三日之後祖目果差。

本文是後周・張元為其眼睛失明的祖父，請七位僧人燃點藥師七燈，而且七天七夜讀誦藥師經，以燃燈光明普施於法界，而感得祖父盲眼復明。

㈢昔有一貴姓祈請藥師靈像得富貴感應（摘自《三寶感應錄》）

昔聞天竺有一貴姓，甚貧乏乞食自活，所至城邑皆閉門戶，人皆名爲閉門。

常自憂悲，往詣藥師靈像寺中，若遶佛像，至心悔過，斷食五日。

如夢從像出妙色身，似少像，告言：「汝宿業頗滅，必得富

Bhaisajya-guru

藥師佛

饒，可還父母舊宅。」覺後語已，到舊宅。城廓頹壞，唯有朽柱梁木。

信告勅兩日而住，以杖掘地，自然伏藏顯現，此即父母所畜收也；一年內得富貴，此即依佛力矣。

本文是一貴姓祈請右邊藥師佛像，至心懺悔過錯，而且斷食五日，而感得藥師佛威神力加持，於一年內得致富貴。

(四)溫州司馬家室親屬一日之中造藥師像七軀感應（摘自《三寶感應錄》）

溫州司馬得長病欲衰死，親屬如婢來集家室涕泣，既死經一日。親屬知識至心歸依藥師，請除病應，一日造形像七軀，如法供養。

至第二日，悶絕還活云：「我出家時，從三人冥官被縛，過幽闇路，無人相從。至一城中，見有高座，玉冠神並坐，前有數千人，皆被枷鎖。問使者誰，答琰魔王也。時可活汝罪，時王召問：「汝有作善不？」答：「我未了志早死。」王言：「汝惡無量，定不可免脫地獄。」

爾時，有異光照司馬之身，王知而告：「汝親屬奴婢造七佛像，得延壽命，早可還人間。」以是因緣，再得醒矣。

本文是溫州司馬長久得病而呈現衰死之相，當他死後一日，其親屬們至心歸依藥師佛，祈請將其病除，於一天之中造藥師佛像七軀，而感得司馬死而復生，得以延長壽命。

㈤**唐張李通書寫藥師經延壽感應**（摘自《三寶感應錄》）

　　張李通其年二十七時，相師見云：「君甚壽短不可過三十
一。」李通憂愁，依投邁公，公曰：「有長壽方，君以敬心書寫
受持。」即授唐三藏譯《藥師經》，通云：「俗塵世務，甚恐君
王責，受持實難，今先須寫，即請經卷，精誠自寫，世務相逼。
纔得一卷。」時先相師見通云：「甚爲希有、甚實希有，君有何
功德，頓得三十年壽。通語上事，聞者歸心蓋多矣。

　　本文是張李通於二十七歲時，相命師說他的壽命甚短，不可
能超過三十一歲，由是他精誠書寫《藥師經》，而感得延長壽命
三十年。

㈥**藥師琉璃光如來繡像讚**（摘自《古今圖書集成》）唐梁蕭

　　得妙道者，聖之大感囦極者，孝之至孝有欲報之，志聖有善
應之，功神其願運其力，故悲智行焉發乎心、彰乎事，故像設作
焉誰其爲之。

　　有齊孝婦，孝婦姓某氏，前新城令柳誠之室也，先是居皇姑
豆，盧氏夫人憂自卒哭及昔呼天之聲不絕，自昔至於大祥追福之
功不息，乃誦金偈、乃瞻粹容，爰用五綵以成大像，莊嚴相好昭
焯煥爛凜乎。若披毫光而演善願，啓清真而屏濁亂，至矣夫乃爲
讚曰：「光彼千界赫琉璃兮，勿藥之師號大醫兮，不形之形妙相
具兮，窈冥希夷元功著兮，孝婦之烈心不渝兮，章施五彩福皇姑

今。」

(七)疾病康復的感應

南岳法門傳下云；釋智珍清諦人，俗姓張氏，普永嘉遷居臨海，祖先秀梁倉部侍郎。臨海內處父文環陳中兵將軍，珍自小言行無怙親鄰奇之，年十七父母俱喪。

珍因為累年來一直說疾病以醫藥來救治皆無效用。因而靜夜策杖至庭院中。向著月亮而睡臥，專心憶念著月光菩薩，願慈悲救護，如此幾過了數晚都無有散亂。

忽然於夢中看見一人形色甚為奇異。從東方來對著珍說：我今來，是為了治療你的病痛。便以口遍珍身吸，經過一個月則疾病逐漸康復。

(八)持藥師名號的感應

泉州承天寺覺圓法師，於未出家時體弱多病，既出家後兩年之內病苦纏綿諸事不順。後得聞藥師如來法門，遂專心誦經持名懺悔，精勤不懈，而後，身體健康，諸事順利。

(九)修持藥師法感得相貌端嚴

清順治時的玉琳國師前身為形貌醜陋之僧人，為眾所嫌，因發願修持藥師法門，遂投生為玉琳時，相貌端嚴，福慧雙圓為一朝國師。

㈩造藥師像的瑞應

日本天武天皇白鳳九年（公元六七〇年）皇后重病，群醫束手，日僧祚連建藥師像祈福，果癒。日本高僧最澄上人、空海大師等入唐前，皆造藥師像，求海上平安。可知藥師佛之修法早已深根日本朝野。

(十一)藥師感應不勝枚覺

而西藏開山始祖蓮花生大士及噶陀巴當德謝上師，更於定中親睹藥師如來淨土，故西藏人常用藥師名號來清靜道場、消除業障、防治疾病及助念往生等，諸多感應，不勝枚舉。

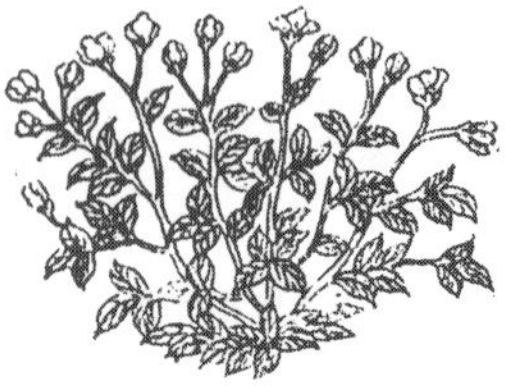

第三章 藥師佛的相關經典

01 藥師琉璃光如來本願功德經

大唐三藏法師玄奘奉 詔譯

如是我聞：一時，薄伽梵遊化諸國，至廣嚴城住樂音樹下，與大苾芻眾八千人俱，菩薩摩訶薩三萬六千，及國王、大臣、婆羅門、居士、天、龍、藥叉、人非人等無量大眾，恭敬圍繞而為說法。

爾時，曼殊室利法王子承佛威神，從座而起，偏袒一肩，右膝著地，向薄伽梵曲躬合掌，白言：「世尊！惟願演說如是相類諸佛名號，及本大願殊勝功德，令諸聞者業障銷除，為欲利樂像法轉時諸有情故。」

爾時，世尊讚曼殊室利童子言：「善哉！善哉！曼殊室利！汝以大悲，勸請我說諸佛名號、本願功德，為拔業障所纏有情，利益安樂像法轉時諸有情故。汝今諦聽！極善思惟，當為汝說。」

曼殊室利言：「唯然！願說！我等樂聞。」

佛告曼殊室利：「東方去此過十殑伽沙等佛土，有世界

名淨琉璃，佛號藥師琉璃光如來、應、正等覺、明行圓滿、善逝、世間解、無上丈夫、調御士、天人師、佛、薄伽梵。曼殊室利！彼佛世尊藥師琉璃光如來，本行菩薩道時發十二大願，令諸有情所求皆得：

第一大願：願我來世得阿耨多羅三藐三菩提時，自身光熾然照耀無量無數無邊世界，以三十二大丈夫相、八十隨好，莊嚴其身，令一切有情如我無異。

第二大願：願我來世得菩提時，身如琉璃內外明徹，淨無瑕穢光明廣大，功德巍巍身善安住，焰網莊嚴過於日月，幽冥眾生悉蒙開曉，隨意所趣作諸事業。

第三大願：願我來世得菩提時，以無量無邊智慧方便，令諸有情皆得無盡所受用物，莫令眾生有所乏少。

第四大願：願我來世得菩提時，若諸有情行邪道者，悉令安住菩提道中；若行聲聞、獨覺乘者，皆以大乘而安立之。

第五大願：願我來世得菩提時，若有無量無邊有情於我法中修行梵行，一切皆令得不缺戒，具三聚戒；設有毀犯，聞我名已，還得清淨，不墮惡趣。

第六大願：願我來世得菩提時，**若諸有情其身下劣、諸根不具、醜陋、頑愚、盲聾、瘖瘂、攣躄、背僂、白癩、癲狂種種病苦，聞我名已，一切皆得端正黠慧，諸根完具，無諸疾苦。**

第七大願：願我來世得菩提時，若諸有情眾病逼切，無

Bhaisajya-guru

藥師佛

救、無歸、無醫、無藥、無親、無家，貧窮多苦；我之名號一經其耳，眾病悉得除，身心安樂，家屬資具悉皆豐足，乃至證得無上菩提。

第八大願：願我來世得菩提時，若有女人為女百惡之所逼惱，極生厭離，願捨女身；聞我名已，一切皆得轉女成男，具丈夫相，乃至證得無上菩提。

第九大願：願我來世得菩提時，令諸有情出魔羂網；解脫一切外道纏縛；若墮種種惡見稠林，皆當引攝置於正見，漸令修習諸菩薩行，速證無上正等菩提。

第十大願：願我來世得菩提時，若諸有情王法所錄，縲縛鞭撻、繫閉牢獄，或當刑戮，及餘無量災難凌辱，悲愁煎迫，身心受苦；若聞我名，以我福德威神力故，皆得解脫一切憂苦。

第十一大願：願我來世得菩提時，若諸有情飢渴所惱，為求食故造諸惡業；得聞我名，專念受持，我當先以上妙飲食飽足其身，後以法味畢竟安樂而建立之。

第十二大願：願我來世得菩提時，若諸有情貧無衣服，蚊蝱、寒熱晝夜逼惱；若聞我名，專念受持，如其所好，即得種種上妙衣服，亦得一切寶莊嚴具，華鬘、塗香、鼓樂、眾伎，隨心所翫，皆令滿足。

「曼殊室利！是為彼世尊藥師琉璃光如來、應、正等覺，行菩薩道時所發十二微妙上願。

「復次，曼殊室利！彼世尊藥師琉璃光如來行菩薩道時，所發大願及彼佛土功德莊嚴，我若一劫、若一劫餘說不能盡。然彼佛土一向清淨，無有女人，亦無惡趣及苦音聲；琉璃爲地，金繩界道，城闕、宮閣、軒窓、羅網皆七寶成，亦如西方極樂世界，功德莊嚴等無差別。

「於其國中有二菩薩摩訶薩：一名日光遍照，二名月光遍照，是彼無量無數菩薩眾之上首，悉能持彼世尊藥師琉璃光如來正法寶藏。是故，曼殊室利！諸有信心善男子、善女人等，應當願生彼佛世界。」

爾時，世尊復告曼殊室利童子言：「曼殊室利！有者眾生不識善惡，唯懷貪悋，不知布施及施果報，愚癡無智闕於信根，多聚財寶勤加守護；見乞者來其心不喜，設不獲已而行施時，如割身肉深生痛惜。

「復有無量慳貪有情，積集資財，於其自身尚不受用，何況能與父母、妻子、奴婢、作使及來乞者！彼諸有情從此命終，生餓鬼界或傍生趣，由昔人間曾得暫聞藥師琉璃光如來名故，今在惡趣暫得憶念彼如來名，即於念時從彼處沒，還生人中。

「得宿命念，畏惡趣苦不樂欲樂，好行惠施讚歎施者；一切所有悉無貪惜，漸次尚能以頭目、手足、血肉身分施來求者，況餘財物！

「復次，曼殊室利！若諸有情雖於如來受諸學處，而破

Bhaisajya-guru
藥師佛

尸羅；有雖不破尸羅，而破軌則；有於尸羅、軌則雖得不壞，然毀正見；有雖不毀正見，而棄多聞，於佛所說契經深義不能解了；有雖多聞而增上慢，由增上慢覆蔽心故自是非他，嫌謗正法為魔伴黨，如是愚人自行邪見，復令無量俱胝有情墮大險坑。

「此諸有情應於地獄、傍生、鬼趣流轉無窮，若得聞此藥師琉璃光如來名號，便捨惡行修諸善法，不墮惡趣。設有不能捨諸惡行，修行善法，墮惡趣者，以彼如來本願威力，令其現前暫聞名號，從彼命終還生人趣，得正見精進善調意樂，便能捨家趣於非家，如來法中，受持學處無有毀犯，正見多聞解甚深義，離增上慢不謗正法，不為魔伴，漸次修行諸菩薩行，速得圓滿。

「復次，曼殊室利！若諸有情慳貪嫉妒，自讚毀他，當墮三惡趣中，無量千歲受諸劇苦；受劇苦已，從彼命終來生人間，作牛、馬、駝、驢，恆被鞭撻飢渴逼惱，又常負重隨路而行；或得為人，生居下賤作人奴婢，受他驅役恆不自在。

「若昔人中，曾聞世尊藥師琉璃光如來名號，由此善因，今復憶念至心歸依；以佛神力眾苦解脫，諸根聰利智慧多聞，恆求勝法常遇善友，永斷魔羂破無明殼，竭煩惱河，解脫一切生老病死、憂愁苦惱。

「復次，曼殊室利！若諸有情好憙乖離，更相鬥訟惱亂自他，以身、語、意，造作增長種種惡業；展轉常為不饒益

事，互相謀害，告召山林樹塚等神；殺諸眾生，取其血肉祭祀藥叉、羅剎婆等；書怨人名作其形像，以惡咒術而咒咀之，厭媚蠱道咒起屍鬼，令斷彼命及壞其身。是諸有情，若得聞此藥師琉璃光如來名號，彼諸惡事悉不能害；一切展轉皆起慈心，利益安樂，無損惱意及嫌恨心；各各歡悅，於自所受生於喜足，不相侵凌互為饒益。

「復次，曼殊室利！若有四眾：苾芻、苾芻尼、鄔波索迦、鄔波斯迦及餘淨信善男子、善女人等，有能受持八分齋戒，或經一年，或復三月，受持學處，以此善根，願生西方極樂世界無量壽佛所，聽聞正法；而未定者，若聞世尊藥師琉璃光如來名號，臨命終時，有八菩薩乘神通來示其道路，即於彼界種種雜色眾寶華中，自然化生。

「或有因此生於天上，雖生天中，而本善根亦未窮盡，不復更生諸餘惡趣；天上壽盡還生人間，或為輪王統攝四洲，威德自在，安立無量百千有情於十善道；或生剎帝利、婆羅門、居士大家，多饒財寶倉庫盈溢，形相端嚴眷屬具足，聰明智慧，勇健威猛如大力士。若是女人，得聞世尊藥師如來名號，至心受持，於後不復更受女身。」

爾時，曼殊室利童子白佛言：「世尊！我當誓於像法轉時，以種種方便，令諸淨信善男子、善女人等，得聞世尊藥師琉璃光如來名號，乃至睡中亦以佛名覺悟其耳。世尊！若於此經受持讀誦，或復為他演說開示，若自書，若教人書，

Bhaisajya-guru
藥師佛

恭敬尊重，以種種花香、塗香、末香、燒香、花鬘、瓔珞、幡蓋、伎樂而爲供養；以五色綵，作囊盛之；掃灑淨處，敷設高座而用安處。爾時，四大天王與其眷屬，及餘無量百千天眾皆詣其所，供養守護。

「世尊！若此經寶流行之處，有能受持，以彼世尊藥師琉璃光如來本願功德，及聞名號，當知是處無復橫死，亦復不爲諸惡鬼神奪其精氣；設已奪者還得如故，身心安樂。」

佛告曼殊室利：「如是！如是！如汝所說。曼殊室利！若有淨信善男子、善女人等，欲供養彼世尊藥師琉璃光如來者，應先造立彼佛形像，敷清淨座而安處之，散種種花燒種種香，以種種幢幡莊嚴其處；七日七夜受持八分齋戒，食清淨食，澡浴香潔著新淨衣；應生無垢濁心、無怒害心，於一切有情起利益安樂、慈悲喜捨平等之心，鼓樂歌讚右繞佛像；復應念彼如來本願功德讀誦此經，思惟其義，演說開示，隨所樂求，一切皆遂：求長壽得長壽，求富饒得富饒，求官位得官位，求男女得男女。

「若復有人忽得惡夢，見諸惡相或怪鳥來集，或於住處百怪出現；此人若以眾妙資具，恭敬供養彼世尊藥師琉璃光如來者，惡夢、惡相諸不吉祥皆悉隱沒，不能爲患。或有水、火、刀、毒、懸嶮、惡象、師子、虎狼、熊羆、毒蛇、惡蠍、蜈蚣、蚰蜒、蚊虻等怖，若能至心憶念彼佛恭敬供養，一切怖畏皆得解脫。若他國侵擾、盜賊反亂，憶念恭敬彼如來者

亦皆解脫。

「復次，曼殊室利！若有淨信善男子、善女人等，乃至盡形不事餘天，惟當一心歸佛、法、僧，受持禁戒，若五戒、十戒、菩薩四百戒、苾芻二百五十戒、苾芻尼五百戒，於所受中或有毀犯，怖墮惡趣，若能專念彼佛名號恭敬供養者，必定不受三惡趣生。或有女人臨當產時受於極苦，若能至心稱名禮讚、恭敬供養彼如來者，眾苦皆除，所生之子身分具足，形色端正見者歡喜，利根聰明安隱少病，無有非人奪其精氣。」

爾時，世尊告阿難言：「如我稱揚彼佛世尊藥師琉璃光如來所有功德，此是諸佛甚深行處難可解了，汝為信不？」

阿難白言：「大德世尊！我於如來所說契經，不生疑惑。所以者何？一切如來身、語、意業無不清淨。世尊！此日月輪可令墮落，妙高山王可使傾動，諸佛所言無有異也。世尊！有諸眾生信根不具，聞說諸佛甚深行處，作是思惟：『云何但念藥師琉璃光如來一佛名號，便獲爾所功德勝利？』由此不信，反生誹謗，彼於長夜失大利樂，墮諸惡趣流轉無窮。」

佛告阿難：「是諸有情若聞世尊藥師琉璃光如來名號，至心受持不生疑惑，隨惡趣者無有是處。阿難！此是諸佛甚深所行難可信解，汝今能受，當知皆是如來威力。阿難！一切聲聞、獨覺及未登地諸菩薩等，皆悉不能如實信解，惟除一生所繫菩薩。

　　阿難！人身難得，於三寶中信敬尊重亦難可得，得聞世尊藥師琉璃光如來名號復難於是！阿難！彼藥師琉璃光如來無量菩薩行、無量善巧方便、無量廣大願，我若一劫若一劫餘而廣說者，劫可速盡，彼佛行願、善巧方便無有盡也！」

　　爾時，眾中有一菩薩摩訶薩名曰救脫，即從座起，偏袒右肩，右膝著地，曲躬合掌而白佛言：「大德世尊！像法轉時，有諸眾生為種種患之所困厄，長病羸瘦不能飲食，喉唇乾燥，見諸方暗死相現前，父母、親屬、朋友、知識啼泣圍繞。然彼自身臥在本處，見琰魔使引其神識至于琰魔法王之前。然諸有情，有俱生神隨其所作，若罪若福皆具書之，盡持授與琰魔法王。

　　「爾時，彼王推問其人，算計所作，隨其罪福而處斷之。時彼病人親屬、知識，若能為彼歸依世尊藥師琉璃光如來，請諸眾僧轉讀此經，然七層之燈，懸五色續命神幡，或有是處，彼識得還，如在夢中明了自見。

　　「或經七日，或二十一日，或三十五日，或四十九日，彼識還時，如從夢覺，皆自憶知善不善業所得果報，由自證見業果報故，乃至命難，亦不造作諸惡之業。是故淨信善男子、善女人等，皆應受持藥師琉璃光如來名號，隨力所能恭敬供養。」

　　爾時，阿難問救脫菩薩曰：「善男子！應云何恭敬供養彼世尊藥師琉璃光如來？續命幡燈復云何造？」

　　救脫菩薩言：「大德！若有病人欲脫痛苦，當爲其人七日七夜受持八分齋戒；應以飲食及餘資具，隨力所辦供養苾芻僧；晝夜六時，禮拜供養彼世尊藥師琉璃光如來，讀誦此經四十九遍；然四十九燈，造彼如來形像七軀，一一像前各置七燈，一一燈量大如車輪，乃至四十九日光明不絕；造五色綵幡，長四十九搩手；應放雜類眾生至四十九，可得過度危厄之難，不爲諸橫惡鬼所持。

　　「復次，阿難！若刹帝利灌頂王等，災難起時，所謂人眾疾疫難、他國侵逼難、自界叛逆難、星宿變怪難、日月薄蝕難、非時風雨難、過時不雨難，彼刹帝利灌頂王等，爾時應於一切有情起慈悲心，赦諸繫閉，依前所說供養之法，供養彼世尊藥師琉璃光如來。由此善根，及彼如來本願力故，令其國界即得安隱，風雨順時穀稼成熟，一切有情無病歡樂；於其國中，無有暴虐藥叉等神惱有情者，一切惡相皆即隱沒；而刹帝利灌頂王等，壽命色力無病自在皆得增益。

　　「阿難！若帝后、妃主、儲君、王子、大臣、輔相、中宮、采女、百官、黎庶，爲病所苦及餘厄難，亦應造立五色神幡，然燈續明放諸生命，散雜色華燒眾名香，病得除愈眾難解脫。」

　　爾時，阿難問救脫菩薩言：「善男子！云何已盡之命而可增益？」

　　救脫菩薩言：「大德！汝豈不聞如來說有九橫死耶？是

Bhaisajya-guru
藥師佛

故勸造續命幡燈，修諸福德；以修福故，盡其壽命不經苦患。」

阿難問言：「九橫云何？」

救脫菩薩言：「有諸有情得病雖輕，然無醫藥及看病者，設復遇醫授以非藥，實不應死而便橫死。又信世間邪魔、外道、妖孽之師，妄説禍福便生恐動，心不自正卜問覓禍，殺種種眾生解奏神明，呼諸魍魎請乞福祐，欲冀延年終不能得，愚癡迷惑信邪倒見，遂令橫死入於地獄，無有出期是名初橫。

「二者、橫被王法之所誅戮。三者、畋獵嬉戲耽婬嗜酒，放逸無度，橫爲非人奪其精氣。四者、橫爲火焚。五者、橫爲水溺。六者、橫爲種種惡獸所噉。七者、橫墮山崖。八者、橫爲毒藥、厭禱、咒咀、起屍鬼等之所中害。九者、飢渴所困，不得飲食而便橫死。是爲如來略説橫死，有此九種。其餘復有無量諸橫，難可具説。

「復次，阿難！彼琰魔王主領世間名籍之記，若諸有情不孝五逆破辱三寶，壞君臣法毀於信戒，琰魔法王隨罪輕重考而罰之，是故我今勸諸有情然燈造幡放生修福，令度苦厄不遭眾難。」

爾時，眾中有十二藥叉大將，俱在會坐，所謂：

宮毘羅大將	伐折羅大將	迷企羅大將	安底羅大將
頞儞羅大將	珊底羅大將	因達羅大將	波夷羅大將
摩虎羅大將	眞達羅大將	招杜羅大將	毘羯羅大將

174

此十二藥叉大將，一一各有七千藥叉以爲眷屬，同時舉聲白佛言：「世尊！我等今者蒙佛威力，得聞世尊藥師琉璃光如來名號，不復更有惡趣之怖。我等相率皆同一心，乃至盡形歸佛法僧，誓當荷負一切有情，爲作義利饒益安樂，隨於何等村城、國邑、空閑林中，若有流布此經，或復受持藥師琉璃光如來名號恭敬供養者，我等眷屬衛護是人，皆使解脫一切苦難，諸有願求悉令滿足；或有疾厄求度脫者，亦應讀誦此經，以五色縷結我名字，得如願已然後解結。」

爾時，世尊讚諸藥叉大將言：「善哉！善哉！大藥叉將！汝等念報世尊藥師琉璃光如來恩德者，常應如是利益安樂一切有情。」

爾時，阿難白佛言；「世尊！當何名此法門？我等云何奉持？」

佛告阿難：「此法門名說藥師琉璃光如來本願功德，亦名說十二神將饒益有情結願神咒，亦名拔除一切業障，應如是持。」

時，薄伽梵說是語已，諸菩薩摩訶薩及大聲聞，國王、大臣、婆羅門、居士，天、龍、藥叉、捷達縛、阿素洛、揭路荼、緊捺洛、莫呼洛伽、人非人等，一切大眾聞佛所說，皆大歡喜信受奉行。

藥師琉璃光如來本願功德經

02《藥師琉璃光七佛本願功德經》

大唐三藏沙門義淨於佛光內寺譯

【卷上】

　　如是我聞；一時，薄伽梵遊化諸國至廣嚴城在樂音樹下，與大苾芻眾八千人俱；菩薩摩訶薩三萬六千，其名曰曼殊室利菩薩、觀自在菩薩、慈氏菩薩、善現菩薩、大慧菩薩、明慧菩薩、山峰菩薩、辯峰菩薩、持妙高峰菩薩、不空超越菩薩、微妙音菩薩、常思惟菩薩、執金剛菩薩，如是等諸大菩薩而為上首；及諸國王、大臣、婆羅門、居士、天龍八部、人非人等，無量大眾恭敬圍遶，而為說法。初、中、後善文義巧妙，純一圓滿清淨鮮白，梵行之相示教利喜，皆令具足微妙行願趣大菩提。

　　爾時，曼殊室利法王子菩薩摩訶薩，承佛威神從座而起，偏袒右肩右膝著地，合掌恭敬而白佛言：「世尊！今有無量人天大眾，為聽法故皆已雲集，惟佛世尊從初發意乃至於今，所有無量塵沙數劫諸佛剎土無不知見，願為我等及未來世像法眾生，慈悲演說諸佛名號、本願功德、國土莊嚴、善巧方便善別之相，令諸聞者業障消除，乃至菩提得不退眾轉。」

　　爾時，世尊讚曼殊室利菩薩言：「善哉！善哉！曼殊室利！汝以大悲愍念無量業障有情，種種疾病憂悲苦惱得安樂

故，勸請我說諸佛名號、本願功德、國土莊嚴，此由如來威神之力令發斯問。汝今諦聽！極善思惟，當爲汝說。」

曼殊室利言：「惟願爲說，我等樂聞！」

佛告曼殊室利：「東方去此過四殑伽河沙佛土，有世界名曰光勝，佛號善名稱吉祥王如來、應、正等覺、明行圓滿、善逝、世間解、無上丈夫、調御士、天人師、佛、世尊，有無量億眾不退菩薩之所圍遶，安住七寶勝妙莊嚴師子之坐現在說法。

「曼殊室利！彼佛國土清淨嚴飾，縱廣正等百千踰繕那，以贍部金而爲其地，平正柔軟氣如天香，無諸惡趣及女人名，亦無瓦礫、沙石、棘刺，寶樹行列花果滋繁，多有浴池皆以金、銀、眞珠雜寶而爲砌飾。曼殊室利！彼國菩薩皆於七寶蓮花化生，是故淨信善男子、善女人皆當願生彼佛國土。曼殊室利！彼佛如來、應、正等覺，從初發心行菩薩道時，發八大願。云何爲八？

「第一大願：願我來世得無上菩提時，若有眾生爲諸病苦逼切其身，熱病、諸瘧、蠱道、厭魅、起屍鬼等之所惱害；若能至心稱我名者，由是力故，所有病苦悉皆消滅，乃至證得無上菩提。

「第二大願：願我來世得菩提時，若有眾生盲聾、瘖瘂、白癩、癲狂眾病所困；若能至心稱我名者，由是力故，諸根具足眾病消滅乃至菩提。

「第三大願：願我來世得菩提時，若有眾生爲貪、瞋、癡之所纏逼，造無間罪及諸惡行，誹謗正法不修眾善，當墮地獄受諸苦痛；若能至心稱我名者，由是力故，令無間罪及諸業障悉皆消滅，無有眾生墮惡趣者，常受人天殊勝安樂乃至菩提。

「第四大願：願我來世得菩提時，若有眾生少乏衣食、瓔珞、臥具，財貨、珍寶、香花、伎樂；若能至心稱我名者，由是力故，所乏資生皆得充足乃至菩提。

「第五大願：願我來世得菩提時，若有眾生或被枷鎖繫縛其身，及以鞭撻遭受諸苦惱；若能至心稱我名者，由是力故，所有苦楚皆得解脫乃至菩提。

「第六大願：願我來世得菩提時，若有眾生於險難處爲諸惡獸、熊羆、師子、虎豹、豺狼、蚖蛇、蝮蠍之所侵惱，欲斷其命發聲大叫受大苦時；若能至心稱我名者，由是力故，所有恐怖皆得解脫，諸惡獸等悉起慈心，常得安樂乃至菩提。

「第七大願：願我來世得菩提時，若有眾生鬥諍言訟因生憂惱，若能至心稱我名者，由是力故，鬥訟解散慈心相向乃至菩提。

「第八大願：願我來世得菩提時，若有眾生入於江海遭大惡風吹其船舫，無有洲渚而作歸依，極生憂怖；若能至心稱我名者，由是力故，皆得隨心至安隱處，受諸快樂乃至菩提。

「曼殊室利！是謂彼佛如來、應、正等覺行菩薩道時所發八種微妙大願。又彼世尊從初發心，常以定力成就眾生，供養諸佛嚴淨佛土，菩薩眷屬悉皆圓滿，此之福德不可思議，一切聲聞及諸獨覺縱經多劫說不能盡，唯除如來、補處菩薩。

「曼殊室利！若有淨信男子、女人，若王、大臣、長者、居士，心怖福德，斷諸煩惱，稱彼佛名讀斯經典，於彼如來至心尊重恭敬供養，所有一切罪惡業障及諸病苦悉皆消滅，諸有願求無不隨意，得不退轉乃至菩提。

「復次，曼殊室利！東方去此過五殑伽河沙佛土，有世界名曰妙寶，佛號寶月智嚴光音自在王如來、應、正等覺，有無量億菩薩圍繞現在說法，皆演大乘微妙深義。曼殊室利！彼佛如來從初發心行菩薩道時，發八大願。云何為八？

「第一大願：願我來世得菩提時，若有眾生為營農業及商賈事，令心擾亂廢修菩提殊勝善法，於生死中不能出離，各各備受無邊苦惱；若能至心稱我名者，由是力故，衣服、飲食、資生之具、金、銀、珍寶隨願充足，所有善根皆得增長，亦不捨離菩提之心，諸惡道苦咸蒙解脫乃至菩提。

「第二大願：願我來世得菩提時，於十方界所有眾生，若為寒熱飢渴逼身受大苦惱；若能至心稱我名者，由是力故，先世罪業悉皆消滅，捨諸苦惱受人天樂乃至菩提。

「第三大願：願我來世得菩提時，於十方界若有女人貪婬煩惱常覆其心，相續有娠，深可厭惡，臨當產時受大苦惱；

若我名字暫經其耳或復稱念，由是力故眾苦皆除，捨此身已，常爲男子乃至菩提。

「第四大願：願我來世得菩提時，若有眾生或與父母、兄弟、姊妹、妻子、眷屬及諸親友行險難處，爲賊所侵受諸苦惱；暫聞我名或復稱念，由是力故，解脫眾難乃至菩提。

「第五大願：願我來世得菩提時，若有眾生行於闇夜作諸事業，被惡鬼神之所惱亂，極生憂苦；暫聞我名或復稱念，由是力故，從闇遇明，諸惡鬼神起慈悲意，乃至菩提。

「第六大願：願我來世得菩提時，若有眾生行鄙惡事，不信三寶，智慧尟少不修善法，根、力、覺、道、念、定、總持皆不修習；若能至心稱我名者，由是力故智慧漸增，三十七品悉皆修學，深信三寶乃至菩提。

「第七大願：願我來世得菩提時，若有眾生意樂鄙劣，於二乘道修行而住，棄背無上勝妙菩提；若能至心稱我名者，捨二乘見，於無上覺得不退轉乃至菩提。

「第八大願：願我來世得菩提時，若有眾生見劫將盡火欲起時，生大憂怖，苦惱悲泣，由彼前身惡業力故，受斯眾苦無所歸依；若能至心稱我名者，所有憂苦，悉皆消滅受清涼樂，從此命終於我佛土蓮華化生，常修善法乃至菩提。

「曼殊室利！是爲彼佛如來、應、正等覺行菩薩道時所發八種微妙大願。又彼如來所居佛士廣博嚴淨，地平如掌，天妙香樹而爲行列，天花遍覆天樂常鳴，天妙鈴鐸隨處懸布；

天寶莊嚴師子之座，天寶砌飾諸妙浴池，其他柔軟無諸瓦礫，亦無女人及諸煩惱；皆是不退諸菩薩眾蓮花化生，若起念時，飲食、衣服及諸資具隨意現前，是故名為妙寶世界。

「曼殊室利！若有淨信男子、女人，國王、王子、大臣、輔相、中宮、婇女，晝夜六時慇重至心、恭敬供養彼佛世尊，及稱名號并造形像，香花、音樂、燒香、末香、塗香而為奉獻，清淨嚴潔於七日中持八戒齋，於諸眾生起慈悲意，願生彼土；彼佛世尊及諸菩薩護念是人，一切罪業悉皆消滅，無上菩提得不退轉，於貪、恚、癡漸得微薄，無諸病苦增益壽命，隨有悕求悉皆如意，鬥諍怨家咸生歡喜；捨此身已，往彼剎土蓮花化生，當生之時念、定、總持悉皆明了。曼殊室利！如是當知彼佛名號無量功德，若得聞者所願皆成。

「復次，曼殊室利！東方去此過六殑伽河沙佛土，有世界名曰圓滿香積，佛號金色寶光妙行成就如來、應、正等覺，有無量億萬菩薩圍遶，現在說法。曼殊室利！彼佛如來從初發心行菩薩道時，發四大願。云何為四？

第一大願：願我來世得菩提時，若有眾生造作種種屠害之業，斷諸生命，由斯惡業受地獄苦；設得為人短壽多病，或遭水火刀毒所傷，當受死苦；若聞我名至心稱念，由是力故，所有惡業悉皆消滅，無病長壽不遭橫死乃至菩提。

第二大願：願我來世得菩提時，若有眾生作諸惡業盜他財務，當墮惡趣；設得為人，生貧窮家，乏少衣食常受諸苦；

若聞我名至心稱念，由是力故，所有惡業悉皆消滅，衣服飲食無所乏少乃至菩提。

第三大願：願我來世得菩提時，若有眾生更相凌慢、共為讐隙；若聞我名至心稱念，由是力故，各起慈心猶如父母乃至菩提。

第四大願：願我來世得菩提時，若有眾生貪欲、瞋恚、愚癡所纏，若出家、在家男女七眾，毀犯如來所制學處造諸惡業，當墮地獄受諸苦報；若聞我名至心稱念，由是力故，所有惡業悉皆消滅，斷諸煩惱敬奉尸羅，於身語心善能防護，永不退轉乃至菩提。

「曼殊室利！是為彼佛如來、應、正等覺行菩薩道時所發四種微妙大願。曼殊室利！又彼如來所居佛土廣博嚴淨，地平如掌皆以寶成，常有香氣如妙栴檀，復以香樹而為行列，天妙珠瓔、摩尼等寶處處垂下，多有浴池天寶嚴飾，香水盈滿眾德皆具；於其四邊懸妙繒綵，街衢八道隨處莊嚴；所有眾生無諸煩惱及憂悲苦，亦無女人，多是住地諸菩薩眾；勝妙音樂不鼓自鳴，演說大乘微妙深法，若有眾生聞此音者，得不退轉無上菩提。

「曼殊室利！彼佛如來由昔願力、善巧方便，成就佛土，圓滿莊嚴，坐菩提座作如是念；於未來世若有眾生為貪、瞋、癡之所纏繞，眾病所逼怨家得便或時橫死，復由惡業墮地獄中受大劇苦。彼佛見此苦惱眾生，為除業障說此神呪，令彼

受持於現世中得大利益，遠離眾苦住菩提故。」即說咒曰：

呾姪他悉睇悉睇　蘇悉睇　謨折儞休剎儞　目帝毘目帝

菴末麗毘末麗　忙揭例㗚嘯若揭鞞曷喇呾娜　揭鞞　薩婆

頞他婆但儞　鉢囉摩頞他　娑但儞末撩細　莫訶末捺細　頞

步帝頞室步帝　毘多婆曳　蘇跋泥去　跋羅蚶摩　瞿俠佉　跋

囉蚶摩柱俠帝　薩婆頞剎數　阿鉢囉匝帝薩跋呾囉　阿鉢喇

底噉帝　折覩殺　瑟橄勃陀俱胝　婆俠帝　納摩婆娑　呾他

揭多喃　莎訶

　　爾時，世尊說此大力大明咒時，眾中所有諸大菩薩、四大天王、釋、梵王等讚言：「善哉！善哉！大悲世尊能說如是過去如來大力神咒，為欲饒益無量眾生竭煩惱海登涅槃岸，除去疾病所願皆滿。」

　　佛告大眾：「若有淨信男子、女人，國王、王子、大臣、輔相、中宮、婇女情悕福德，於此神咒起敬信心，若讀、若誦、若為他人演說其義，於諸含識起大悲心，晝夜六時香華燈燭，殷重供養清淨澡浴，持八戒齋至誠念誦；所有極重無邊業障悉皆消滅，於現身中離諸煩惱，命欲終時諸佛護念，即於彼國蓮花化生。

　　「復次，曼殊室利！東方去此過七殑伽河沙佛土，有世界名曰無憂，佛號無憂最勝吉祥如來、應、正等覺，今現在彼為眾說法。又彼如來所居佛土，廣博嚴淨，地平如掌皆以寶成，細滑柔軟常有香氣，無憂苦聲離諸煩惱，亦無惡趣及

Bhaisajya-guru

藥師佛

女人名，處處皆有金砌浴池香水盈滿，寶樹行列花果滋茂，勝妙音樂不鼓自鳴，譬如西方極樂世界無量壽國功德莊嚴。曼殊室利！彼佛世尊行菩薩道時發四大願。云何為四？

「第一大願：願我來世得菩提時，若有眾生常為憂苦之所纏逼；若聞我名至心稱念，由是力故，所有憂悲及諸苦惱悉皆消滅，長壽安隱乃至菩提。

「第二大願：願我來世得菩提時，若有眾生造諸惡業，生在無間黑闇之處，大地獄中受諸苦惱；由彼前身聞我名字，我於爾時身出光明照受苦者，由是力故，彼見光時，所有業障悉皆消滅，解脫眾苦生人天中，隨意受樂乃至菩提。

「第三大願：願我來世得菩提時，若有眾生造諸惡業殺、盜、邪婬，於其現身受刀杖苦，當墮惡趣；設得人身，短壽多病生貧賤家，衣服飲食悉皆乏少，常受寒熱飢渴等苦身無光色，所感眷屬皆不賢良。若聞我名至心稱念，由是力故，隨所願求，飲食衣服悉皆充足，如彼諸天身光可愛，得善眷屬乃至菩提。

「第四大願：願我來世得菩提時，若有眾生常為藥叉諸惡鬼神之所嬈亂，奪其精氣受諸苦惱；若聞我名至心稱念，由是力故，諸藥叉等悉皆退散各起慈心，解脫眾苦乃至菩提。

「曼殊室利！是為彼佛如來、應、正等覺所發四種微妙大願。若有眾生聞彼佛名，晝夜六時稱名禮敬至心供養，於眾生處起慈悲心，業障消滅解脫憂苦，無病長壽得宿命智，

於諸佛土蓮花化生，常爲諸天之所衛護。曼殊室利！稱彼佛名能生如是無量福業，而彼佛土願力莊嚴殊勝功德，聲聞、獨覺所不能知，唯除如來、應、正等覺。

「復次，曼殊室利！東方去此過八殑伽河沙佛土，有世界名曰法幢，佛號法海雷音如來、應、正等覺，今現説法。曼殊室利！彼佛世尊所居國土清淨無穢，其地平正頗梨所成，常有光明香氣芬馥；以帝青寶而爲城郭，有八街道砌以金銀，樓閣、殿堂、飛甍、户牖、欄楯莊飾皆眾寶成；天香寶樹隨處行列，於其枝上手拄以天繒，復有寶鈴處處垂下，微風吹動出妙音聲，演暢無常、苦、空、無我，眾生聞者捨離欲纏，習氣漸除證甚深定；天妙香花繽紛而下，於其四面有八浴池，底布金沙香水彌滿。曼殊室利！於彼佛土無諸惡趣亦無女人，蓮花化生無復煩惱。彼佛如來行菩薩道時發四大願。云何爲四？

第一大願：願我來世得菩提時，若有眾生生邪見家，於佛、法、僧不生淨信，遠離無上菩提之心；若聞我名至心稱念，由是力故，無明邪慧日夜消滅，於三寶所深生正信，不復退轉乃至菩提。

第二大願：願我來世得菩提時，若有眾生生在邊地，由近惡友造眾罪業不修善品，三寶名字曾不經耳，命終之後墮三惡趣；彼諸眾生暫聞我名者，由是力故，業障消除遇善知識，不墮惡趣乃至菩提。

Bhaisajya-guru
藥師佛

第三大願：願我來世得菩提時，若有眾生衣服、飲食、臥具、醫藥，資生所須悉皆乏少，由此因緣生大憂苦，爲求覓故造眾惡業；若聞我名至心稱念，由是力故，有所乏少隨念皆得乃至菩提。

第四大願：願我來世得菩提時，若有眾生由先惡業共相鬥諍作不饒益，弓箭、刀杖互爲傷損；若聞我名至心稱念，由是力故，各起慈心不相損害，不善之念尚自不生，況於前人欲斷其命！常行喜捨乃至菩提。

「曼殊室利！是爲彼佛如來、應、正等覺行菩薩道時所發四種微妙大願。若有淨信男子、女人，聞彼佛名至心禮敬、慇懃供養受持念誦，業障消滅得不退轉菩提之心；具宿命智，所生之處常得見佛，無病長壽，命終之後生彼國中，衣服、飲食、資生之具隨念皆至無所乏少。曼殊室利！彼佛世尊具足如是無量功德，是故眾生常當憶念勿念忘失。

「復次，曼殊室利！東方去此過九殑伽河沙佛土，有世界名曰善住寶海，佛號法海勝慧遊戲神通如來、應、正等覺，現在說法。曼殊室利！彼佛如來行菩薩道時發四大願。云何爲四？

「第一大願：願我來世得菩提時，若有眾生造眾惡業，種植耕耘損諸生命，或復興易欺誑他人，戰陣兵戈常爲殺害；若聞我名至心稱念，由是力故，資生之具不假營求隨心滿足，常修眾善乃至菩提。

「第二大願：願我來世得菩提時，若有眾生造十惡業殺生等罪，由此因緣當墮地獄；若聞我名至心稱念，於十善道皆得成就，不墮惡趣乃至菩提。

「第三大願：願我來世得菩提時，若有眾生不得自在，繫屬於他或被禁繫，杻械、枷鎖、鞭杖苦楚乃至極刑；若聞我名至心稱念，由是力故，所有厄難皆得解脫乃至菩提。

「第四大願：願我來世得菩提時，若有眾生造眾惡業，不信三寶，隨虛妄見棄背正理，愛樂邪徒，謗毀佛經言非聖說，外道典籍恭敬受持，自作教人俱生迷惑，當墮地獄無有出期，設得為人生八難處，遠離正道盲無慧目；如是之人若聞我名至心稱念，由是力故，臨命終時正念現前，解脫眾難，常生中國，受勝妙樂乃至菩提。

「曼殊室利！是為彼佛如來、應、正等覺行菩薩道時所發四種微妙大願。曼殊室利！彼佛國土功德莊嚴，與上妙寶如來世界等無有異。

「復次，曼殊室利！東方去此過十殑伽河沙佛土，有世界名淨琉璃，佛號藥師琉璃光如來、應、正等覺。曼殊室利！彼佛世尊從初發心行菩薩道時，發十二大願。云何十二？

「第一大願：願我來世得菩提時，自身光明照無邊界，三十二相，八十隨好莊嚴其身，令諸有情如我無異。

「第二大願：願我來世得菩提時，身如琉璃內外清徹，光明廣大遍滿諸方，焰網莊嚴過於日月，鐵圍中間幽冥之處

Bhaisajya-guru
藥師佛

互得相見，或於此界闇夜遊行，斯等眾生見我光明，悉蒙開曉隨作眾事。

「第三大願：願我來世得菩提時，以無量無邊智慧方便，令諸有情所受用物皆得無盡。

「第四大願：願我來世得菩提時，若諸有情行邪道者，悉令遊履菩提正路；若行聲聞、獨覺乘者，亦令安住大乘法中。

「第五大願：願我來世得菩提時，若諸有情於我法中修行梵行，一切皆令得不缺戒，善防三業，無有毀犯墮惡趣者；設有毀犯聞我名已，專念受持至心發露，還得清淨乃至菩提。

「第六大願：願我來世得菩提時，若諸有情諸根不具，醜陋、頑癡、聾盲、瘖瘂、攣躄、背僂、白癩、癲狂種種病苦之所纏逼；若聞我名至心稱念，皆得端嚴眾病除愈。

「第七大願：願我來世得菩提時，若諸有情貧窮困苦無有歸趣，眾病所逼無藥無醫；暫聞我名眾病消散，眷屬增盛資財無乏，身心安樂乃至菩提。

「第八大願：願我來世得菩提時，若有女人為女眾苦之所逼切，極生厭離願捨女身；若聞我名至心稱念，即於現身轉成男子，具丈夫相乃至菩提。

「第九大願：願我來世得菩提時，令諸有情出魔羂網；復有種種邪見之徒，皆當攝受令生正見，漸令修習諸菩薩行乃至菩提。

　　「第十大願：願我來世得菩提時，若諸有情王法所拘，幽禁牢獄，枷鎖鞭撻乃至極刑，復有眾多苦楚之事，逼切憂惱無暫樂時；若聞我名，以我福德威神力故，皆得解脫一切憂苦乃至菩提。

　　「第十一大願：願我來世得菩提時，若諸有情飢火所惱，爲求食故造諸惡業；若聞我名至心稱念，我當先以上妙飲食隨意飽滿，後以法味令住勝樂乃至菩提。

　　「第十二大願：願我來世得菩提時，若諸有情身無衣服、蚊虻、寒熱之所逼惱；若聞我名至心稱念，隨其所好即得種種上妙衣服、寶莊嚴具、伎樂、香華皆令滿足，離諸苦惱乃至菩提。

　　「曼殊室利！是爲藥師瑠璃光如來、應、正等覺行菩薩道時所發十二微妙上願。」
藥師琉璃光七佛本願功德經卷上

Bhaisajya-guru
藥師佛

【卷下】

　　爾時，佛告曼殊室利：「彼藥師琉璃光如來行菩薩道時所發大願及彼佛土功德莊嚴，我於一劫、若過一劫說不能盡。然彼佛土純一清淨無諸欲染，亦無女人及三惡趣苦惱之聲，以淨琉璃而爲其地，城闕宮殿及諸廊宇、軒窓、羅網皆七寶成，亦如西方極樂世界功德莊嚴。

　　「於彼國中有二菩薩：一名日光遍照，二名月光遍照，於彼無量菩薩眾中而爲上首，能持彼佛正法寶藏。是故，曼殊室利！若有淨信男子、女人，應當願生彼佛世界。

　　「復次，曼殊室利！若有眾生不識善惡惟懷貪惜，不知惠施及施果報，愚癡少智無有信心，多畜珍財勤勞守護，見乞者來，心生不喜；設不獲已，行惠施時，如割身肉深生悋惜；復有無量慳貪有情積集資財，然於自身尚不能用，況當供給父母、妻子、奴婢、僕使及來乞者！彼諸有情從此命終，生餓鬼中或傍生趣；由昔人間曾聞藥師琉璃光如來名故，雖在惡趣還得憶念彼如來名，即於彼沒生在人中，得宿命智，念畏惡趣苦不樂欲樂，好行惠施讚歎施者，所有財物無慳悋心，漸次尚能以頭目、手足、血肉身分施來求者，況餘財物！

　　「復次，曼殊室利！若復有人歸依世尊受諸學處，而破壞戒威儀及壞正見；諸有持戒、正見，不求多聞，於佛所說契經深義不能解了；雖有多聞而懷憍慢，由慢心故自是非他，嫌謗正法爲魔伴黨；如是愚人自行邪見，復令無量百千俱胝

有情墮大險坑。

「此諸有情墮於地獄、傍生、鬼趣，若曾聞此藥師琉璃光如來名號，由彼如來本願威力，於地獄中憶佛名號，從彼命盡還生人間，正見精進意樂調善，捨俗出家，於佛法中受持學處無有毀犯，正見多聞解甚深義，離於憍慢，不謗正法不爲魔伴，漸次修行諸菩薩行乃至菩提。

「復次，曼殊室利！若諸有情慳貪嫉妒，造諸惡業自讚毀他，命終當墮三惡趣中，無量千歲受諸劇苦，從彼終已來生人間，或作牛、馬、駝、驢之屬，恆被鞭撻飢渴纏心，身常負重困苦疲極；若得爲人，生居下賤奴婢僕使，被他驅役恆不自在。

「由昔人中曾聞藥師琉璃光如來名號，彼善根力今復憶念至心歸依，以佛神力眾苦解脫，諸根聰利智慧多聞，恆求勝法常遇善友，永斷魔羂破無明殼，竭煩惱河，解脫一切生老病死、憂悲苦惱乃至菩提。

「復次，曼殊室利！若諸有情好憙乖離，更相鬥訟惱亂自他，以身、語、意造諸惡業；展轉常爲不饒益事，互相謀害告召山、林、樹、塚等神；殺諸眾生取其血肉，祭祀藥叉、羅刹神等；書怨人名或作形像，以惡咒術而咒詛之；厭魅蠱道、咒起死屍，令斷彼命及壞其身。是諸有情若得聞此藥師琉璃光如來名號，彼諸惡緣悉不能害，一切展轉皆起慈悲，利益安樂無損惱意及嫌恨心，於自所有常生喜足。

Bhaisajya-guru

藥師佛

「復次，曼殊室利！若有四眾苾芻、苾芻尼、近事男、近事女，及餘淨信男子、女子，若能受持八支齋戒，或經一年，或復三月受持學處，以此善根願生西方極樂世界見無量壽佛，若聞藥師琉璃光如來名號，臨命終時有八菩薩乘神通來示其去處，即於彼界種種雜色眾寶花中自然化生。

「或有因此生於天上，雖生天中而昔善根亦不窮盡，不復更生諸餘惡趣；天上壽盡還生人間，或爲輪王統攝四洲，威德自在，勸化無量百千有情，於十善道令其修習；或生刹帝利、婆羅門、居士貴族，多饒財寶倉庫盈溢，形相端嚴眷屬隆盛，聰明智慧勇健盛猛有大身力；若是女人，得聞藥師琉璃光如來名號至心受持，於後不復更受女身。

「復次，曼殊室利！彼藥師琉璃光如來得菩提時，由本願力觀諸有情，遇眾病苦，瘦攣、乾消、黃熱等病，或被厭魅蠱道所中，或復短命或時橫死，欲令是等病苦消除所求願滿，時彼世尊入三摩地，名曰；『滅除一切眾生苦惱』。既入定已，於肉髻中出大光明，光中演說大陀羅尼咒曰：

南謨薄伽伐帝　鞞殺社窶嚕　薜琉璃鉢喇婆　曷囉闍也
呾他揭多也　阿囉嚇帝　三藐三勃陀也　呾姪他唵　鞞殺
逝鞞殺逝　鞞殺社三沒揭帝　莎訶

「爾時，光中說此咒已，大地震動放大光明，一切眾生病苦皆除受安隱樂。曼殊師利！若見男子、女人有病苦者，應當一心爲彼病人清淨澡漱，或食、或藥，或無蟲水呪一百

八遍與彼服食，所有病苦悉皆消滅。

　　若有所求，指心念誦，皆得如意無病延年，命終之後生彼世界，得不退轉乃至菩提。是故，曼殊室利！若有男子、女人於彼藥師琉璃光如來至心慇重、恭敬供養者，常持此咒忽令廢忘。

　　「復次，曼殊室利！若有淨信男子、女人，得聞如上七佛如來、應、正等覺所有名號，聞已誦持，晨嚼齒木澡漱清淨，以諸香花、末香、燒香、塗香、作眾伎樂供養形像；於此經典若自書、若教人書，一心受持聽聞其義；於彼法師應修供養，一切所有資身之具，悉皆施與勿令乏少，如是便蒙諸佛護念，所求願滿乃至菩提。」

　　爾時，曼殊室利童子白佛言：「世尊！我於末法之時，誓以種種方便令諸淨信男子、女人得聞七佛如來名號，乃至睡中亦以佛名令其覺悟。世尊！若於此經受持讀誦，或復為他演說開示，若自書、若教人書，恭敬尊重，以種種華香、塗香、末香、燒香、華鬘、瓔珞、幡蓋、伎樂而為供養，以五色繒綵而裹裳之，灑掃淨處置高座上。

　　「是時，四大天王與其眷屬，及與無量百千天眾，皆詣其所供養守護。世尊！若此經寶流行之處及受持者，以彼七佛如來本願功德及聞名號威神之力，當知是處無復橫死，亦復不為諸惡鬼神奪其精氣，設已奪者還得如故，身心安樂。」

　　佛告曼殊室利：「如是！如是！如汝所說。曼殊室利！

Bhaisajya-guru
藥師佛

若有淨信男子、女人，欲供養彼七如來者，應先敬造七佛形像，安在清淨上妙之座散花燒香，以諸幢幡莊嚴其處。

「七日七夜受八戒齋食清淨食，澡浴身體著新淨衣；心無垢濁亦無恚害，於諸有情常起利樂慈悲喜捨平等之心，鼓樂絃歌稱讚功德，右繞佛像念彼如來所有本願。讀誦此經，思惟其義，演說開示，隨其所願，求長壽得長壽，求富饒得富饒，求官位得官位，求男女得男女，一切皆遂。

「若復有人忽為惡夢見諸惡相，或怪鳥來集，或於其家百怪出現；此人若以上妙資具，恭敬供養彼諸佛者，惡夢惡相諸不吉祥，悉皆隱沒不能為患。或有水、火、刀、毒、懸崖、險道、惡象、師子、虎、狼、熊、羆、蛇、蠍、蜈蚣如是等怖，若能至心憶念彼佛恭敬供養，一切怖畏皆得解脫。若他國侵擾盜賊反亂，憶念恭敬彼如來者，所有怨敵悉皆退散。」

「復次，曼殊室利！若有淨信男子、女人等，乃至盡形不事餘天，惟當一心歸佛、法、僧，受持禁戒，若五戒、十戒、菩薩二十四戒、苾芻二百五十戒、苾芻尼五百戒，於諸戒中或有毀犯怖墮惡趣，若能專念彼佛名號恭敬供養者，必定不生三惡趣中。

「或有女人臨當產時受於極苦，若能至心稱名、禮讚恭敬供養七佛如來，眾苦皆除，所生之子顏貌端正，見者歡喜，利根聰明少病安樂，無有非人奪其精氣。」

194

　　爾時，世尊告阿難言：「如我稱揚彼七如來名號功德，此是諸佛甚深境界，難可了知，汝勿生疑。」

　　阿難白言：「世尊！我於如來所説契經深義不生疑惑。所以者何？一切如來身、語、意業皆無虛妄。世尊！此日月輪可令墮落，妙高山王可使傾動，諸佛所言終無有異。

　　「世尊！然有眾生信根不具，聞説諸佛甚深境界作是思惟：『云何但念七佛名號，便獲爾所功德勝利？』由此不信，便生誹謗，彼於長夜失大利樂墮諸惡趣。」

　　佛告阿難：「彼諸有情若得耳聞諸佛名號，墮惡趣者無有是處，唯除定業不可轉者。阿難！此是諸佛甚深境界難可信解，汝能信受，當知皆是如來威力。阿難！一切聲聞及獨覺等皆不能知，唯除一生補處菩薩。

　　「阿難！人身難得於三寶中信敬尊重亦難可得，得聞七佛如來名號復難於是。阿難！彼諸如來無量菩薩行、無量巧方便、無量廣大願，如是行願、善巧方便，我若一劫、若過一劫説不能盡。」

　　爾時，眾中有一菩提摩訶薩名曰救脱，即從座起，偏袒右肩右膝著地，合掌向佛白言：「世尊！於後末世像法起時，若有眾生爲諸病苦之所逼惱，身形羸瘦不能飲食，喉脣乾燥目視皆暗，死相現前，父母、親屬、朋友、知識啼泣圍繞，身臥本處，見彼琰魔法王之使引其神識將至王所；然諸有情有俱生神，隨其所作善惡之業悉皆記錄授與彼王，王即依

法問其所作，隨彼罪福而處斷之。

「是時，病人親屬知識，若能爲彼歸依諸佛，種種莊嚴如法供養，而彼神識或經七日、或二七日乃至七七日，如從夢覺復本精神，皆自憶知善不善業所得果報，由自證見業報不虛，乃至命難亦不造惡。是故淨信男子、女人，皆屬受持七佛名號，隨力所能恭敬供養。」

爾時，具壽阿難問救脫菩薩曰：「善男子、恭敬供養彼七如來，其法云何？」

救脫菩薩言：「大德！若病人及餘災厄欲令脫者，當爲其人七日七夜持八戒齋，應以飲食及餘資具，隨其所有供佛及僧，晝夜六時恭敬禮拜七佛如來，讀誦此經四十九遍，然四十九燈，造彼如來形像七軀，一一像前各置七燈，其七燈狀圓若車輪，乃至四十九夜光明不絕；造雜綵幡四十九首，並一長幡四十九尺，放四十九生，如是即能離災厄難，不爲諸橫惡鬼所持。大德阿難！是爲供養如來法式，若有於此七佛之中隨其一佛稱名供養者，皆得如是無量功德所求願滿，何況盡能具足供養！

「復次，大德阿難！若刹帝利、灌頂王等災難起時，所謂人眾疾疫難、他國侵逼難、自界叛逆難、星宿變怪難、日月薄蝕難、非時風雨難、過時不雨難，彼刹帝利、灌頂王等，爾時當於一切有情起慈悲心，放大恩赦脫諸幽厄苦惱眾生，如前法式供養諸佛。由此善根及彼如來本願力故，令其國界

即得安穩，風雨順時穀稼成熟，國內眾生無病安樂，又無暴惡藥叉等神共相惱亂，一切惡相悉皆隱沒；而剎帝利、灌頂王等，皆得增益壽命、色、力無病自在。

　　「大德阿難！若帝后、妃主、儲君、王子、大臣、輔相、宮中、婇女、百官、黎庶，爲病所苦及餘厄難，亦應敬造七佛形像讀誦此經，然燈造幡放諸生命，至誠供養燒香散花，即得病苦銷除解脫眾難。」

　　爾時，具壽阿難問救脫菩薩言：「善男子！云何已盡之命而可增益？」

　　救脫菩薩言：「大德！仁豈不聞如來說有九橫死耶？由是世尊爲說呪藥隨事救療，然燈、造幡，修諸福業，以修福故得延壽命。」

　　阿難問言：「九橫云何？」

　　救脫菩薩言：「一者、若諸有情得病雖輕，然無醫藥及看病者，設復遇醫不授其藥，實不應死而便橫死；又信世間邪魔外道妖孽之師，妄說禍福便生恐動心不自正，卜問吉凶殺諸眾生，求神解奏呼召魍魎請福祈恩，欲冀延年終不能得；愚迷倒見遂令橫死，入於地獄無有出期。二者、橫爲王法之所誅戮。三者、畋獵嬉戲，耽婬嗜酒放逸無度，橫爲非人奪其精氣。四者、橫爲火焚。五者、橫爲水溺。六者、橫爲種種惡獸所噉。七者、橫墮山崖。八者、橫爲毒藥、厭禱、咒詛、起屍鬼等之所中害。九者、飢渴所困不得飲食而便橫

Bhaisajya-guru
藥師佛

死。是爲如來略說橫死有此九種，其餘復有無量諸橫難可具說。

「復次，阿難！彼琰魔王簿錄世間所有名籍，若諸有情不孝、五逆、毀辱三寶、壞君臣法、破於禁戒，琰魔法王隨罪輕重考而罰之。是故我今勸諸有情然燈、造幡、放生、修福，令度苦厄不遭眾難。」

爾時，眾中有十二藥叉大將俱在會坐，其名曰：

宮毘羅大將　　跋折羅大將　　迷企羅大將　　頞儞羅大將

末儞羅大將　　娑儞羅大將　　因陀羅大將　　波夷羅大將

薄呼羅大將　　眞達羅大將　　朱杜羅大將　　毘羯羅大將

此十二藥叉大將，一一各有七千藥叉以爲眷屬，同時舉聲白佛言：「世尊！我等今者蒙佛威力得聞七佛如來名號，於諸惡趣無復怖畏，我等相率皆同一心，乃至盡形歸佛、法、僧，誓當荷負一切有情，爲作義利饒益安樂。隨於何處城邑、聚落、空閑林中，若有此經流布讀誦，或復受持七佛名號恭敬供養者，我等眷屬衛護是人令脫眾難，所有願求悉令滿足；或有疾厄求度脫者，亦應讀誦此經，以五色縷結我名字，得如願已然後解結。」

爾時，世尊讚諸藥叉大將言：「善哉！善哉！大藥叉將！汝等念報七佛如來恩德者，常應如是利益安樂一切有情。」

爾時，會中有多天眾智慧尠少，作如是念：「云何過是殑伽河沙諸佛世界現在如來，暫聞名者便獲無邊殊勝功德？」

　　爾時，釋迦牟尼如來知諸天眾心之所念，即入警召一切如來甚深妙定。纔入定已，一切三千大千世界六種震動，雨天妙花及天香末，彼七如來見是相已，各從其國來至索訶世界，與釋迦如來共相問訊。

　　時，佛世尊由其先世本願力故，各各自於天寶莊嚴師子座上隨處安坐，諸菩薩眾、天龍八部、人非人等，國王、王子、中宮、妃主並諸大臣、婆羅門、長者、居士，前後圍遶而爲説法。

　　時，諸大眾見彼如來皆已雲集，生大希有疑惑便除。時，諸大眾歎未曾有，同聲讚言：「善哉！善哉！釋迦如來！饒益我等爲除疑念，令彼如來皆至於此。」

　　時，諸大眾各隨自力，以妙香華及眾瓔珞、諸天伎樂供養如來，右遶七匝合掌禮敬讚言：「希有！希有！諸佛如來甚深境界不可思議！由先願力善巧方便，共現如是奇異之相！」爾時，大眾各各發願，願諸眾生皆得如是如來勝定。

　　爾時，曼殊室利即從座起，合掌恭敬遶佛七匝，禮雙足已，白言：「世尊！善哉！善哉！如來定力不可思議，由本願力方便善巧成就眾生，惟願爲説大力神呪，能令來世薄福眾生病惱所纏、日月星辰所有厄難、疫病、怨惡及行險道遭諸恐怖，爲作歸依令得安隱。彼諸眾生於此神呪，若自書教人書，受持讀誦廣爲他説，常蒙諸佛之所護念，佛自現身令願滿足，不墮惡趣亦無橫死。」

Bhaisajya-guru
藥師佛

時，諸如來讚曼殊室利言：「善哉！善哉！此是我等威神之力，令汝勸請哀愍眾生離諸苦難為說神呪。汝應諦聽，善思念之，我當為說。曼殊室利！有大眾呪名曰：『如來定力琉璃光』，若有男子女人書寫、讀誦、恭敬供養，於諸含識起大悲心，所有願求皆得滿足，諸佛現身而為護念，離眾障惱當生佛國。」

時，七如來以一音聲即說呪曰：

但姪他　具謎具謎磬尼謎膩吲上　末底末底　馱貊怛他揭多三摩地頌提瑟恥帝　頌帝末帝波例　波跛輪但儞　薩婆波跛那世也　敉睞勃圖　唱答謎鴉謎矩謎　佛鐸器怛羅　鉢里輪但儞曇謎昵曇謎　謎嚕謎嚕　謎嚧尸揭囉薩婆哥羅　蜜栗睹丁夜　尼婆嘲儞　勃提蘇勃睞　佛陀陀頌提瑟侘泥娜曷咯叉靚謎　薩婆提婆　三謎頌三謎三曼捿勃漢囒靚謎薩婆佛陀菩提薩埵　苦謎苦謎　鉢喇苦謎曼　靚謎　薩婆伊底鴉波達婆薩婆毘何大也　薩婆薩埵難者晡囒泥晡囒泥去晡囒也謎　薩婆阿舍薜琉璃也　鉢喇底婆細　薩婆波跛　著楊羯囉莎訶

爾時，七佛說此呪時，光明普照大地震動，種種神變一時俱現，時諸大眾見此事已，各各隨力以天香花、塗香、末香奉上彼佛，咸唱善哉右遶七匝。彼佛世尊同聲唱言：「汝等一切人天大眾應如是知，若有善男子、善女人，若王、王子、妃后、大臣、寮庶之類，若於此呪受持、讀誦、聽聞、演說，以妙香花供養經卷，著新淨衣在清淨處持八戒齋，於

諸含識常生慈愍，如是供養得無量福。

　　「若復有人有所祈願，應當造此七佛形像，可於淨處以諸香華、懸繒、幡蓋、上妙飲食及諸伎樂而爲供養，並復供養菩薩諸天，在佛像前端坐誦呪，於七日中持八戒齋，誦滿一千八遍，彼諸如來及諸菩薩悉皆護念，執金剛菩薩并諸釋、梵、四天王等亦來擁衛此人；所有五無間罪、一切業障悉皆消滅，無病延年亦無橫死及諸疾疫；他方賊盜欲來侵境、鬪諍戰陣、言訟、讐隙、飢儉、旱澇，如是等怖一切皆除，共起慈心猶如父母，有所願求無不遂意。」

　　爾時，執金剛菩薩、釋、梵、四天王，從座而起合掌恭敬，禮釋迦牟尼佛足白言：「世尊！我等大眾皆已得聞諸佛本願殊勝功德，及見諸佛慈悲至此，令我眾生親承供養。世尊！若於其處有此經典及七佛名、陀羅尼法流通供養乃至書寫，我等悉皆承佛威力，即往其處擁護於彼；國王大臣、城邑聚落、男子、女人，勿令眾苦及諸疾病之所惱亂，常得安隱財食豐足；我等即是報諸佛恩。世尊！我等親於佛前自立要誓，若有淨信男子、女人憶念我者應誦此呪。」即說呪曰：

　　但姪他　惡寠莫寠　呾羅寠　麼麼寠具矖　訶呼去　醯去　末囉末囉末囉　緊樹矖布矖　莎訶

　　「若有淨信男子、女人、國王、王子、大臣、輔相、中宮、婇女，誦七佛名及此神呪，讀誦、書寫、恭敬供養，現世皆得無病長壽，離眾苦惱不墮三途，得不退轉乃至菩提；

Bhaisajya-guru
药师佛

彼諸佛土隨意受生，常見諸佛得宿命智，念定總持無不具足，若患鬼瘧等病，當書此呪繫之肘後，病若差已置清淨處。」

爾時，執金剛菩薩詣七佛所右遶三匝，各申禮敬白言：「世尊！惟願慈悲護念於我，我今爲欲饒益未來男子、女人持是經者，我更爲說陀羅尼呪。」時，彼七佛讚執金剛言：「善哉！善哉！執金剛！我加護汝可說神呪，爲護未來持經之人，令無眾惱所求滿足。」時，執金剛菩薩即說呪曰：

南麼馱多喃　三藐三佛陀喃　南麼薩婆跋折囉達囉喃怛姪他　唵跋折曬　跋折曬　莫訶跋折曬　跋折囉波捨　陀嚹儞三麼三麼　三曼頜　阿缽嚹底嗷多　跋折曬　苦麼苦麼　缽囉苦曼覩謎　薩婆毘阿大也　矩嚕矩嚕　薩婆羯麼　阿伐嚹挐儞叉也　三麼也末奴三末囉簿伽畔跋折囉波儞薩舍謎缽哩　脯嚹也　莎訶

「世尊！若復有人持七佛名，憶念彼佛本願功德，并持此呪讀誦演說，我令彼人所願滿足無所乏少。若欲見我問善惡者，應當書寫此經，造七佛像并執金剛菩薩像，皆於像身安佛舍利，於此像前如上所說種種供養禮拜旋繞，於眾生處起慈悲心，受八戒齋日別三時澡浴清淨三時衣別，從白月八日至十五日，每日誦呪一百八遍心無散亂；我於夢中即自現身共爲言說，隨所求者皆令滿足。」

時，大會中有諸菩薩皆悉唱言：「善哉！善哉！執金剛！陀羅尼不可思議實爲善說！」

　　時，七如來作如是語：「我等護汝所說神呪，為欲饒益一切眾生皆得安樂，所求願滿，不令此呪隱沒於世。」

　　爾時，七佛告諸菩薩、釋、梵、四天王曰：「我今以此神呪付屬汝等，並此經卷於未來世後五百歲法欲滅時，汝等皆應護持是經。此經威力利益甚多，能除眾罪善願皆遂，勿於薄福眾生誹謗正法毀賢聖者，授與斯經令法速滅。」

　　爾時，東方七佛世尊，見此大眾所作已辦機緣滿足，無復疑心，各還本土，於其座上忽然不現。

　　爾時，具壽阿難陀即從座起，禮佛雙足右膝著地，合掌恭敬而白佛言：「世尊！當何名此經？我等云何受持？」

　　佛告阿難陀：「此經名為七佛如來、應、正等覺本願功德殊勝莊嚴，亦名曼殊室利所問，亦名藥師瑠璃光如來本願功德，亦名執金剛菩薩發願要期，亦名淨除一切業障，亦名所有願求皆得圓滿，亦名十二大將發願護持，如是名字汝當奉持。」

　　時，薄伽梵說是經已，諸大菩薩及聲聞眾，天、龍、藥叉、健闥婆、阿蘇羅、揭路荼、緊那羅、莫呼洛伽、人非人等，一切大眾聞佛所說，皆大歡喜信受奉行。

藥師瑠璃光七佛本願經卷下

守護佛菩薩3

《藥師佛－消災延壽》

主　　編　洪啟嵩
執行編輯　吳霈媜
插　　畫　吳霈媜
封面設計　張士勇工作室
出　　版　全佛文化事業有限公司
　　　　　訂購專線：(02)2913-2199
　　　　　傳真專線：(02)2913-3693
　　　　　發行專線：(02)2219-0898
　　　　　匯款帳號：3199717004240 合作金庫銀行大坪林分行
　　　　　戶　　名：全佛文化事業有限公司
　　　　　http://www.buddhall.com
門　　市　新北市新店區民權路88-3號8樓
　　　　　門市專線：(02)2219-8189
行銷代理　紅螞蟻圖書有限公司
　　　　　台北市內湖區舊宗路二段121巷19號（紅螞蟻資訊大樓）
　　　　　電話：(02)2795-3656　傳真：(02)2795-4100

初　　版　2001年04月
初版七刷　2023年02月
定　　價　新台幣260元
ＩＳＢＮ　978-957-2031-00-1（平裝）
版權所有・請勿翻印

國家圖書館出版品預行編目資料

藥師佛 / 全佛編輯部編著. 初版. --
臺北市 : 全佛文化, 2001[民90]
面 ;　公分. -（守護佛菩薩；3）

ISBN 978-957-2031-00-1（平裝）

1. 菩薩　2. 佛教-修持
229.2　　　　　　　　90005438